巻頭言

真武士道の神髄を極めると何が見える？

文・川保天骨（本誌編集長）

はじめまして、川保《かわほ》天骨《てんこつ》です

川保《かわほ》天骨《てんこつ》です。九州から来ました。所属としては「国際真武士道連盟」の理事、政治団体「巌の会」の会計責任者の職務代行者ということになっています。

　この度は本誌のご購入ありがとうございます。おかげさまで、いくばくかのお金が私の関係する団体に入ることになりますので、それは今後の活動の財源とさせていただきます。

　それで、「結局、おまえは誰なんだ？」という事ですよね？　本誌は今まで私が作ってきた出版物からすると、少し分野が違いますから私の事など知らない人が大半だと思います。武道や格闘技に関係する業界や経済圏においては多少悪名が通っているかもしれませんが、本誌は「言論誌」という目論見のもと企画して、本屋やネット販売におけるジャンルもそうなってますので、手に取った読者の皆様は「川保《かわほ》天骨《てんこつ》」などという名前は初めて見る名前かもしれません。

　本稿においてはそんな読者の皆様に、おこがましくも、私がこの『真武士道《しんぶしどう》』を制作し出版しようと思った動機などを開陳し、自己紹介とさせていただきたい

しお付き合いのほどを。

み出した「醜悪な豚」が私

団体に所属したり、個人

ていたわけではありませ

前の五十歳のタイミング

て、約二十年間経営して

をたたみました。

社をやってきて、山あり谷

あ　折、社会にもまれながら

も、なんとか経済活動を行ってましたが、二十年目の会社となると、ある意味巡航期間といいますか、今まで築いてきたノウハウや権益、金の流れも安定してきて、それほど手をかけず、そのまま飛び続けようと思えばそれが出来るんですね。ただ物事というのは放物線を描くのが定石なので、そのうち落ちるんでしょ

◎川保天骨（かわほてんこつ）本名＝多田英史（ただひでし）1970年生まれ。福岡県北九州市出身。大東文化大学卒業。写真家、雑誌編集者、映像プロデューサー。上京と同時に大道塾東京総本部に入門。東孝に師事。1990年北斗旗無差別5位入賞、その後1993年北斗旗中量級優勝。翌1994年同階級準優勝。1995年引退。1993年、撮影スタジオアシスタント勤務を経て編集プロダクション『RUSH』に入社。スタッフカメラマン・編集者として数々のサブカル本、格闘技雑誌の撮影、編集をこなし、入社6年後に独立。2001年、株式会社オルタナエンターテイメントを設立。映像、出版、ウェブサイト運営などのプロデュース業を主に行う。2019年株式会社を解散。その後、一般社団法人 日本民間防衛連合会の立ち上げ。国際真武士道連盟の理事に就任。主な著書に『ムショメシ』（三才ブックス）『ドラゴンスピリッツ』（朝日新聞出版）『ヒロイン危機一髪』（大洋書房）『ペキンパー』（オルタナパブリッシング）『ドラゴン魂』など。

男って何？って考えると、「覚悟」じゃないですかね？

清濁併せ呑むくらいの人間じゃないと何にも出来やしない！

うけども。

とにかくそのまま会社を存続して生涯を終えるということも可能でした。しかしながら、なんとなく心のなかに後ろめたいものを感じていたんです。

その後ろめたさの原因が五十歳ぐらいになると段々とわかってきた。そう、私は結局自己の幸せのみを追求する自分というものを発見したんです。そこには家族や会社などが含まれますが、己を中心においてしか物事を考えていない。もちろん家族も会社も大切ですが、極めて利己的な存在が私じゃないのかと気づいた。それを良しとして日々酒池肉林！とまでは言いませんが、欲望のままに平々凡々と生きてきた自分を見たんです。薄ら薄ら気づいてはいたんだと思いますが、知らないふりしてたんでしょう。ただ五十歳になると状況が変わってきた。何が変わるかと言うと、それは「死」が近づいてきて、それを意識せざるを得なくなったんです。

私の持つ二つのリソース（資源）

私は子供の頃から表現者になりたいという気持ちが強かったんです。中学生ぐらいからそういう事を考えてました。自分の頭の中に思い描くもの、考えた事、妄想を何かしら表現していきたい。そういう気持ちが元々ありました。

その流れで、私がやっていた会社は主に出版業、映像制作、それらにまつわるプロダクツの販売などを生業にしていました。つまり何かしらの表現物を商品化し、販売し利益を得るというものです。ただ商売なので自分の好きなものだけでなく、時にはやりたくない仕事などもやってきましたし、そこは経済活動として割り切っていました。

そういうわけで、この二十年間の蓄積はかなりあります。何かしらを企画して制作し、それを世に知らしめ、販売し、売上を回収する。業務のパーツを務めるのではなく小規模ながらもトータルで事業に関わってきた実績。私の持つリソースのひとつはこれです。

もうひとつについて話します。私は中学二年の時に少林寺拳法に入門し、現在も「真武術」と称して「龍魂会」という会を作ってそこで様々な武術稽古をしてます。武歴といいますか、とにかくその『武』の世界に尊属しているのが三十八年です。二十代半ばまで大道塾という団体の空手の試合に出ていて、その後は趣味の領域で武道の稽古はしています。

私は武道系の出版や映像制作も扱っているのですが、ある程度勉強していくと、武道っていうのはいったい何なのかと思い至るんです。

そもそも「武道」「武術」とは何か？それは己の命を守るため、ある意味自己の護身的な側面。そして己にまつわるものを守るため。これは家族や友人、仲間を守るという事ですね。結局、そこに武道を稽古する意義というのがあるのではないか。またそれは己から始まり身近なもの、そして地域社会、国というものにまで広がっていく。つまり武道は最終的な局面において国を守るという意識にまで高められると思うんです。

しかし、大東亜戦争終了後、占領政策で武道禁止。その後スポーツとしての復活。今では武道とはスポーツの一種にされてしまった感があります。武道とスポーツの違いも書き始めると長いので、また今後詳《つまび》らかにしていこうと思います。

現在の修行者は武道をスポーツとして捉えている人が大半なのかもしれません。ただ私は色々な種類や業界の武道家、武術家に会ったり、道場などに出入りすることが多いのですが、まんざらでもないんですよ。ちゃんと武道家、武術家としての矜持を持っていらっしゃる方は大勢います。私はその事に気づいたんですね。相当な『人財』が眠っている。例えが悪いかもしれないですが、「埋蔵された石油」を発見したんです。これが二つ目のリソース。これは私自身が持っているリソースではないですが、とにかくそこに気づいたと。そしてここに「武士道」を持ってきた。セクト化した武道家や武道業界に共通する本質的心情、核になる部分、それを「武士道」として表現したらどうなんだと。「武士道」をもって未だ人知れず「埋蔵された石油」をこの世に現出させ、火をつけようと。

大風呂敷を広げるつもりはありませんが…

私は具体的にはこの二つの武器を元に闘おうとしています。

何と闘うか？　それが本誌の主題のひとつとなるのですが、

「日本の自主独立」です。

私は現在、日本はまともな主権国家ではないと思ってます。つまり何モノかの所有物です。皆さんは自覚ないかもしれませんが、この状況をまずどうにかしたいと考えたんです。

そして、もし私が生きている間にできることがあるとすれば、そこに思考の道筋をつけることぐらいではないかとも。

しかしこれまで先人たちが華々しく散っていった歴史を紐解くまでもなく、前途多難です。まずは我々の根本的な存在価値としてのパラダイム（物の見方や捉え方）を見極めようではありませんか。そうしないと何をやるにも砂上の楼閣になってしまう。

我々は思想や立場の違いを乗り超えて、今ここに団結しなければなりません。

二〇二三年　五月十二日　記す。

146ページから掲載している「未完の武士道」も読んでね！

日本を真の武士道によって
再構築する憂国オピニオン誌、

真武士道

川保天骨責任編集
題字　木下顕伸

表紙写真＝頭山満
表紙デザイン＝部屋せま史
題字＝木下顕伸

▲頭山満と後に五・一五事件で暗殺される犬養毅（中央）のもとを訪れる蒋介石（右）1929年。

心の中に『武』を宿す。頭山満と武士道精神について

西郷隆盛の「命もいらぬ名もいらぬ官位も金もいらぬ者は始末に困る人なり。誠に始末に困る人ならねば国の大事はできぬものなり」の言葉そのままに生きた頭山満。激動の近代日本を生きた巨人である。今回その頭山翁の子孫である頭山興助先生に現代日本人に伝えるべき頭山満の本質を語っていただいた。

頭山興助（とおやま おきすけ）

頭山満孫。父頭山秀三。昭和19年5月生まれ。1978年 園田直外務大臣の秘書兼随行員として日中平和友好条約調印に同行。現呉竹会会長。

収録日時◎2021年11月23日 靖国神社 参集殿において　　聞き手　川保天骨

玄洋社、頭山満先生の存在は『日本精神の根幹』

――先ず、先生は西郷隆盛南州についての書籍等出版され研究されておりますが、西郷南州亡き後、志を引き継ぎ、戦前、政財界に大きな影響力を持っていたにも関わらず、玄洋社《げんようしゃ》、そして頭山満翁が現在においてあまり知られていないのはなぜでしょうか？

頭山　まず、日本が戦争に負けた。そしてアメリカによって戦後の歴史が作られたという面が大きいでしょう。その事を代表するのが日本憲法だけれども、アメリカに都合のいい解釈が一般の人たちへの教育や世の中の風潮にも影響していって日本古来の文化を大切にするというようなことは疎んぜられたからじゃないでしょうかね。

――玄洋社、それから頭山満先生の存在というのは、戦後においてアメリカの占領政策上都合が悪いということで、隠蔽されている可能性が高いということですかね？ＧＨＱ（※）のＷＧＩＰ（※）（ウォーギルトインフォメーションプログラム）はすでに半世紀前に終わってるのに、未だにそれを継続しているという感じなんですか？

頭山　ひとつはね、頭山満が右翼の総元締めみたいに解釈されていたんですよ。今の人達が考えている右翼というのは昔の右翼とは意味が違いましてね、日本が日露戦争に勝って、そこでロシアの力が弱まった。そこをついてコミンテルン、いわゆる国際共産主義というのが生まれた。日本というのは天皇陛下がおられる国ですからね、国体を守るという意味でも、その国際共産主義に対して対抗する勢力が日本にも居なければならない。そういう身を呈して共産主義と闘っていくという人たちを戦前は右翼といっていたんですね。

よくそれをフランス議会の左に座ってたのが革新系の人たちで左翼、右に座ってたのが保守系の人たちで右翼などと簡単にいいますけど、その当時は今のコロナウイルスみたいな感じで日本に共産主義を入れてはいかんという硬い気持ちがあったんですね。そこから生まれてきたのが右翼なんですよ。

共産主義に対する戦いの原点を具体的にあげると、皇居前広場の事件というのがあって、まあ、言ってみれば共産革命みたいなものですね。おびただしい数の

身を呈して共産主義と闘っていくという人たちを戦前は右翼といっていた。頭山

※ＧＨＱ＝連合国軍最高司令官総司令部（れんごうこくぐんさいこうしれいかんそうしれいぶ、英語：General Headquarters）は、第二次世界大戦終結に伴うポツダム宣言を執行するために日本で占領政策を実施した連合国軍機関である。連合国軍最高司令部。

※ＷＧＩＰ＝（ウォーギルトインフォメーションプログラム）。大東亜戦争終結後、連合国軍最高司令官総司令部（ＧＨＱ）が日本占領政策の一環として短期行ったといわれる日本国民に対する再教育計画。

▼玄洋社の会合で中野正剛（前列左）・頭山満（前列中央）らと（1929年・前列右から2人目が児玉）

人間が皇居前に集まって「天皇裕仁出てこい」というような事をやった。それに対して恐怖を感じた右翼陣営の人たちが戦前の右翼の原点だと思います。そこに台頭してきた戦後の右翼というのに児玉誉士夫という人がいて、その右翼観というのは戦前の真面目さとちょっとかけ離れたところがあって、いわゆる右翼権力主義になっていったんです。そこで戦後は新聞なんかは右翼を敵視するようになりました。ジャーナリズムの敵だ！　ぐらいに思ってますよね。

――マスコミは左ということですね。

頭山　こぞって右翼は暴力団っていう風に書き立てたし、いわゆる総会屋とかね、会社から金を集めるような人たちにとっては右翼＝暴力団って言われた方が都合が良かったんだよね。それからその暴力団抗争においても、右翼というものがヤクザとは親近に付き合って入るけどヤクザではないという都合のいい立場になっていった。それを作ったのが児玉誉士夫グループなんでしょうね。

児玉さんに何度か若い頃僕は会ってるけれども、彼が私なんかに会いたかったのは、やっぱり自分が現在の頭山満でいたかったんじゃないでしょうかね？

――頭山満先生は本来戦前の右翼としての存在であるにもかかわらず、戦後右翼の存在と同じように見られているということでしょうか？

つまり武道というのは『武士道』の中の一部なんです
日本人の根幹にある武士道には負けたものを労うという優しさがあるわけです。　頭山

頭山　コミンテルンに対しては内田良平先生（※）なんかが身を挺して思想を作られ行動された。これが本来の右翼。でも当時は右翼なんて言う言葉はなかったんじゃないかな？

――左翼というのもないですよね、共産主義が脅威というだけで。

▲内田良平

頭山　玄洋社の始まりの自由民権運動なんかは、今の人からすると左翼でしょう。だけど陛下に対して反抗心を抱くような人は侍の中にいないから。そこは共産主義とは違うと思うね。

――現在どんどん弱体化していく日本としては、頭山満先生や玄洋社の存在や思想を広めていく事は急務だと思うのですが。玄洋社、頭山満先生の存在はＧＨＱが隠したいと思っているほどの、いわば『日本精神の根幹』みたいなものですからね。今の日本人に示唆するものがあるんじゃないかと思います。どんどん研究して広めていきたいのです。

頭山　私もそういう活動を続けて来たわけだけれども、恥ずかしながら歳ばっかりとってきてね、そういった活動を託してきた木下顕伸くんが今年六十歳だと言うので、私もちょっと焦ったわけです。

武道スポーツ化による影響とは？

――靖国神社の相撲場の入り口に頭山満先生の『国技の碑文』がかけられているということですが、頭山先生が相撲を国技とした理由というのは、どういったものがあるのでしょうか？

頭山　武道っていうと、剣道とか柔道とか相撲になると思うのだけれども、本来その『武』と『道』の間に『士（さむらい）』という言葉が入るんですよ。つまり武道というのは『武士道』の中の一部なんです。武士道の中に剣術があり、相撲があ

（※）内田良平　国家主義者・右翼運動家・アジア主義者。黒龍会主幹、大日本生産党総裁。

り柔術があったわけでしょ？　その他では鎧を着た状態での術とか、古流の中にはたくさんありますね。戦後の風潮ですけれども、武道っていうと格闘技に訳せるんですよ。しかし武士道となると訳す言葉がない。武道というのは殺し合いの方法でしょ？　その殺し合いの方法をいかに日本人の魂、武士道に合ったようにするかというと、『礼に始まって礼に終わる』という部分、つまり人間に対する優しさという部分がないとね。武のみでは暴走するんですよ。なので武士道の中で一番大事にされているのは人間に対する優しさなんです。

相撲の中にそれが現れているのは、土俵において、勝ったほうが負けた方に手を差し伸べるじゃない。あれこそが武士道なんだよ。それが外国人にはわからないんだね。負けた者に情けをかけることがないんですよ。日本人の根幹にある武士道には負けたものを労《ねぎら》うという優しさがあるわけです。

——日本以外の外国の場合は、勝者は勝者、敗者は敗者っていう明確な区分けみたいなものが厳然とあるような気がしますね。その二者は決して交わらないしお互いの関係が変わらない。日本の武士というのは自分の好敵手、ライバルや敗者を誇るという文化であり。そういうものが相撲にもあるという事なんですね。

頭山　中世期の侍が貴族的な文化に習って和歌をやったり茶道をやったりするじゃないですか。あれこそが『優しさの文化』で決して武張ったところがないでしょ。

——確かに、文武両道における『文』とは優しさ、繊細さ、哀れみを解する心のことなんでしょうね。故に相撲の中に武士道がある、それだからこそ、相撲が国技としてふさわしいと頭山先生は考えられていたんでしょうね。

頭山　それから裸でやるでしょ。「身に寸鉄を帯びず」という言葉があるんですけど、そこにも優しさがあると思いますよ。

——現代でも相撲というのは、そのような武士道文化の中で続いていています

▲左から、大元教 出口王仁三郎、頭山満、内田良平。

『覚悟』それはつまり陛下に対しての覚悟を持っている者、それが『武士』なんだ。頭山

か？
頭山　白鵬とか朝青龍が横綱になったけれども、彼らは結局最後まで『横綱』と『チャンピオン』の違いが理解できなかったんじゃないかなと思いますね。それは彼らが悪いんじゃなくて、それを教える親方が教えきれなかったんだろうし、今、相撲部屋はプロダクションみたいな感じになってるんじゃないかな？ボクシングジムみたいにね。
――さすがにガッツポーズとかは禁止ですよね。今柔道とか空手も逆にそういう傾向が復活してきてますが、これまでの武道はスポーツ化の波が激しかったですからね。武道に武士道を求めるなら、負けた相手に対しても礼儀を尽くすという事が必要になってくるでしょうね。
頭山　あなたが空手をやると聞いていてたけどね。空手というのは確かにちゃんとしているんだけれども、世界大会やなんかで『形』をやる人たちの顔が私は気に入らないんだよ。あれは演技だよね。日本の武道の中であのような演技が必要になる部分というのはないでしょう。

▲今でも若々しい頭山興助先生。

――はい、確かにすごい眼光ですよね。聞くところによると表情の練習もするとか。自分は剣術もやるのですが、あのような目付をすると先生に怒られますね。『遠山《えんざん》の目付』というのがあって、遠くを見る感じで全体を見るというのがあるんですが、あのようにどこを見ているか相手に悟られるような目付きや、何か一つのものを集中して見るとかいうのは居付きと言って嫌われます。自分の感覚としてもあの眼光は違和感を覚えますね。
頭山　そこの所が分かってれば武士道がわかるんですよ。
――空手も国際化してスポーツ化してるので益々その武士道が失われていくのは怖いですね。外国の方でそのような事が分かってくれる人も少ないでしょうし。
頭山　剣道とアマチュア相撲は国際化を目指してないじゃない。それから野球

ね。本来、野球は国際的なスポーツだけど、甲子園にある野球文化は武道的だね。ちゃんとお辞儀して試合場に入るところなんかね。礼に始まり礼に終わる所も。日本のプロの選手もね。

——野球道っていう感じですね。日本人は逆にスポーツを武道化していく事もあるんですね。

覚悟持って闘う人間。それが大事

頭山　武道において大事な部分はやはり『武士道』なんだよね。我々も心がけているつもりなんだけど「武士道は優しさが大事だけれでも、優しさだけじゃ駄目なんだ」と言う部分。頭山満を見てるとわかるけど、ものすごく穏やかな顔をしてるんだけど、心の中に『武』を宿してるんだよ。いつでも死ぬ覚悟ができている。国に対して、陛下に対して、それに危害を加えんとする者を殺す覚悟というのを持ってるんだよね。今そのような人はいない。

——覚悟を持ってる人間がいないということですかね。単なる技術の伝承とか習熟、試合に勝つだけの目的になってる武道スポーツ的なものでは大切なものが忘れ去られやすいかもしれませんね。

頭山　『覚悟』それはつまり陛下に対しての覚悟を持っている者、それが『武士』なんだよ。自由民権運動で頭山満にやっつけられた山県有朋とか西郷先生が亡くなった後の薩長の人達は権力に走ってしまった。だから頭山のような人物を一番怖がったんじゃないかな。

　昔、黒龍会（※）で本当に活躍された方々がおられたけれども、やっぱり迫力が違ったんだよね。あなた方でも知っている人を挙げるとするならば、合気道の植芝盛平先生なんて、全然違うんだよね迫力が。昔の玄洋社の人たちは迫力が違う。

——日本人はそういう武士道とか、覚悟とかを持てないようにされたのかもしれないですね。肝《きも》を抜かれてるって言うんですか？自分としてはその部分を真の

▲靖国神社の相撲場入口に頭山満による「国技」の文字が刻まれた碑がある。

武士道、『真武士道』として再興しようと思ってるんです。

頭山　例えば空手の世界でもあると思うんだけど、試合ではあんまり勝てないけど、喧嘩では強い人とかいるじゃない。腹をくくってるというか、覚悟持って闘う人間。それが大事なんだと思いますよ。

▲頭山興助先生をはさんで最後に記念撮影。本誌編集　川保天骨と日本再生TV代表木下顕伸。

――試合と喧嘩は違いますからね。喧嘩は死ぬ場合もあるし、殺す場合もある。

頭山　その区別がつけられる人が武士なんだよ。

――それにしても靖国神社に相撲の土俵があるとは知りませんでしたし、頭山満の碑文があるのも知りませんでした。

頭山　あの頃、戦前は相撲がそれほど人気がなかったらしいんですよ。それを盛り立てる必要があったんですね。国技だしね。

――頭山満先生に、相撲を盛り立てる依頼が来たということなんですね？　頭山先生はあの時代においては政財界に大変な影響力があったし、色々な業界にも顔が利く、社会的には大きな力を持っていたんですね。

頭山　また、青年を強くすることを推奨する気持ちが有ったんでしょうね。相撲以外でもそういう話があって、大阪のボクシングの帝拳ジムには頭山満が贈った『世界チャンピオンを日本人の手に』っていう扁額が掛かってるはずだよ。

――頭山満先生の書や扁額を色々な所で見たりしますが、相当な量の書を書いてらっしゃるんですね。

頭山　面白い話があるんだよ。金に困った人がいたら頭山が何枚でも書いて、「ここに持って行け」って言うらしいんですよ。それでその人が「頭山満先生にこちらにお届けするように言われました」って持っていったら、持ってこられた人はその書と引き換えにお金を渡さなくちゃならないらしいんです。「ワシの書いた書は偽札みたいなもんじゃ」って言ってたとか（笑）。だから書が多いらしいんです。

――本日は貴重なお話ありがとうございました。

※黒龍会（こくりゅうかい）は１９０１年（明治34年）１月に設立された国家主義（右翼）団体である。中国（満州）・ロシア国境を流れる黒龍江に名前が由来する。対露開戦を主張」。玄洋社の海外工作機関といわれた。

頭山満という侍をキミは知ってるか？

文◎木下顕伸

木下顕伸（きのしたあきのぶ）１９６２年生まれ。福岡出身。拓殖大学政経学部政治学科卒業。一般社団法人日本クルド友好協会代表理事。日本再生TV代表

色々な研究家や郷土史家などがいらっしゃいます。これまで、人物伝や写真伝なども出版されて、小林よしのり氏がそれらを引用して漫画で紹介されています。

語り継がれてきた頭山満

浅学な私が、会ったこともない偉人を語るのは不敬かもしれませんが、大学生のころから、頭山満翁の孫である頭山興助先生一門の末席を汚させていただいておりましたので、親族の先生から聞かせられたり、資料を頂いたり、一門の先生方から教わったり、本を読んだり、関係者の方々の復刻版などを刊行させていただきましたので、その限りで申し上げるにすぎません。

そもそも、頭山満という人物を、今の若い人たちは知らないでしょう。

私は、頭山満の郷土福岡の筑豊炭田出身ですが、子供のころは知りませんでした。今でも玄洋社の柔道場明道館が残っており、高校時代、母校柔道部の監督、佐藤博之先生が明道館の師範をされており、二度か三度、出稽古に連れていかれたので少しは、知識がありました。同級生に玄洋社最後の社長新藤一馬先生の甥がいましたが、話したことはありません。

頭山満が右翼の源流ともいわれますが、研究家や思想家以外となると、若い民族運動家の人たちですら頭山満を知っている人は少なくなっていると思います。

私も還暦を過ぎましたが。同世代で知っている人も多くないと思います。

本当に頭山満を知っているのは、戦前生まれの人たちです。翁は、終戦の前年にお亡くなりになっています。戦前から人物伝も書かれています。一般の人で戦後生まれの人達が知っているのは、頭山満という傑物が語り継がれてきたからです。

ラジオや新聞はあったでしょうが、戦前、テレビもない時代、政治家でもない、役人でもない、学者でもない、実業家でもない、武道家でもない、頭山満という人物を何故多くの日本人が知っていたのか不思議だと思います。

炭鉱経営者という記述もありますが、正確には、炭鉱の鉱掘権を三井や三菱に売っただけで経営はしていません。その売却資金を頼ってくる浪人や海外の革命家の支援に使っただけです。多くの実業家などから借財の証文なども見つかってます。玄洋社の人などを食べさせるために借金をして、鉱区権を得て売却し返済などにも充てていたのでしょう。

話は戻りますが、私は福岡県の筑豊という場所で生まれ育ちました。父方が、山野炭鉱という場所で露天掘りを行っていたので多少玄洋社の事を父から聞いたこともあります。今でいう地上げといえばわかりやすいのですが、炭鉱の鉱区の土地の所有者との交渉で玄洋社の人と地元の人で争いがあったこともあるそうです。筑豊は荒くれ者も多かったのでさもありなんと思いました。

今の時代の人に玄洋社や頭山満といっても知るわけがないでしょう。敗戦後、GHQにより、玄洋社は危険思想団体として、資産没収のうえ解散を命じられましたから。

頭山満とは

頭山満は、幕末に生まれ、明治、大正、敗戦の前年昭和19年まで生きた人物です。簡単に語るなら、ラストサムライという西郷隆盛が主人公の映画がありました。西郷隆盛がラストサムライというなら、その遺志を受け継いで最後まで生きた人が頭山満だと思います。本当のラストサムライです。

明治維新で武家制度も廃刀令で武士階級はなくなりました。しかし、その精神を継承するのが武士道です。武士とは、領地領民を守るのが本意です。守る精神を継承したのが侍＝武士道精神です。では何を守るのかという問題です。アジアは欧米列強に植民地化され、日本も幕末、開国を迫られ脅威に晒されていました。守るとは国家国体を守ることです。この神髄を極めていたのが頭山満です。

その神髄とは何かというと、国家国体護持の精神を全うするということでしょう。

官位も要らぬ、金も要らぬ、命も要らぬ、無欲。今様に言うなら、誰かに頼まれ求められるのではない。究極の無償ボランティアです。

南洲西郷は、官位につきました。維新で国家も定まらない藩閥政治のなかで、浪人となった武士の不平不満を一身に受け西南戦争で敗れました。武士制度廃止の責任を全うし国体国家護持の礎となったと思います。その遺志を継いだ頭山満は、官位もなく、俸禄もなく、命も惜しまず、無私の精神と西郷の遺志を全うした人です。

若い時は、誰でも血気盛んです。一旗揚げようと考えるのは、今も昔も変わりません。しかし、その一旗が違います。金儲けしようとか、出世しようとか、権力を持とうとかの一旗と違います。国家、人民のために命をささげる覚悟をして行動することです。命一代、名は末代ということわざもあります。これは、己に恥じることはするなという意味です。名を残そうという自己欲求ではありません。
頭山満も若い時に藩閥政治に対抗する萩の乱に連座して投獄されています。翌年、西南戦争が起きて、頭山は、玄洋社創設者のメンバーと共に獄に繋がれていたので、西郷と会うことも、共に戦うこともありませんでした。仮に獄に繋がれていなければ、西南戦争で命を落としていたかもしれません。頭山の無私の精神は、西郷の死が影響しているのでしょう。生き残ったからこそ、自分が西郷の精神を守らなければと考えたと思います。
その精神とは何かというと、斬らずして、斬るという表現があります。実際に、人を斬るのではなく、人を斬ったように相手をねじ伏せる。それは、自分のためでなく、国のために行う。己を捨てれば威も張れます。ですから威力がある。命を惜しくない無欲な人間ほど怖いものはいない。世間でいうところの金や地位や権力を使って威張るとは全く違います。天皇を戴いた立憲君主制における民主政治を築くため、亡き西郷の代わりに、国を動かす時の政治家や資本家に目を光らせる重石の役割を担っていたのです。

官位＝政府の役人につけば、その役に阿《おもね》らねばならない。実業家になれば、金もうけのために、権力を利用することになる。政治家になれば、俸禄をもらい、対立する政治家や他党と数の論理で妥協しなければならない。そのすべてに阿らないため、敢えて、浪人を全うした。戦前のフィクサーなどとか書かれたりもしていますが、フィクサー＝政商というのは、自己保身のため、金の力で政治を利用する輩です。無私、無欲、権力にも、地位にも、財力にもひれ伏さない浪人とは全く違うものです。浪人だからこそ監視もできて、正しい意見も言えて威も張れるのです。つまり、維新以降の西郷精神の発展形が頭山精神でもあると考えます。

玄洋社の憲則に、第一条、皇室を敬戴《けいたい》すべし、第二条、本国を愛重すべし、第三条、人民の権利を固守すべし、地球上に人類がなくなるまで、これを守るとあります。

簡単に言えば、日本古来の皇室を敬い、一体となって、長い歴史を持つ愛する日本を守り、日本国民の権利だけでなく、世界各国の民族の権利をも護るという意味です。

この憲則は、今でも通じることです。これが守れれば、侵すこともなく侵されることもなく、弾圧されることもありません。

頭山は、日本国民や他民族のための権力の番人であったと考えます。

今なぜ頭山満か？

この国難において、なぜ頭山満に我々は注目しているのでしょうか？

先ず国難とは、何を意味するのでしょう。かつて、東インド会社が清国とのお茶の取引で銀を払いたくないから代わりにアヘンを売り、危機を感じた清がイギリスとアヘン戦争を起こします。

日本は、幕末ペリーが来航して不平等条約を結ばされ、金を収奪される。尊王攘夷運動が起き、欧米列強に対抗するため、徳川幕府の大政奉還、維新が起き、明治陛下の君民一致の富国強兵策となった。米国との関係は今も変わらないでしょう。

日清戦争は、大国清が中華主義に基づき朝鮮半島を掌握しようとしたことなど

で起きた。現在の中国共産党王朝も拡大主義にとらわれている。米国は、ペリーと同じように中国の阻止を狙い、日本を基地としている。イギリスは、日本の軍事力を利用して中国を牽制する。

先の太平洋戦争で日本は、米国に敗れ、一時期統治され、その後も米国の軍事支配に阿《おもね》っています。中国・ロシアを牽制するため日本に基地を置いている。ロシアは南下政策に準じて、北方4島を占領しています。日本は、中国、ロシア、米国に今でも翻弄されている。幕末、明治維新と変わらないでしょう。今でも大国に牛耳られている。これが国難だと思います。

今時の人は、コロナで経済危機が起こり、ウクライナ紛争でさらにエネルギー危機や食糧危機が起きていることを国難と思っているでしょう。そもそもコロナ、中国の武漢ウイルスは、細菌兵器といわれ、今では自然発生コロナウイルスとなり、中国の細菌兵器研究所の件は、誰も問わなくなりました。ウクライナの兵士が戦闘で亡くなっても、ワクチンも打たずにコロナで死んだとは聞かない。不思議ですね。いったい何と戦っているのでしょうか。芯や根っこがなくなった日本人自身と戦わなければなくなったことが本当の国難かもしれません。

頭山の逸話として、時の首相、伊藤博文の話を聞いていた頭山が、最後に「あんたは感違いしとらせんか。日本で一番偉いのは誰じゃ、天皇陛下におわす」と窘《たしな》めて意見したという逸話が残っている。首相は、単に国家国民から政を依頼されているのみで、陛下や国民の事を考えず、弱腰のくせに権力者として威張るなという意味だったのでしょう。日露戦争前、玄洋社の内田良平先生が黒龍会という内偵を組織して、ロシア恐るるに足りず、と報告している。黒龍会は国からの依頼で組織したわけでもない。また、

費用を求めることもない。国家国益のために機動する。今どき、ボランティアでも活動費が無ければ動かない。確かに活動費は必要です。しかし、金がなければ動かない。時代は変わりました。外国のボランティアと日本の奉仕の精神は違います。知恵も金がないものは、体を使え、

知恵があるものはそれを使え、金があるものは、金を使え、すべて国のために。国がなくなれば金も使えない。当然です。

自己保身も何も無く、権力に阿るものに対して、正論を言える人が今はいません。また威をあたえる人もいません。国難に際して、今、本物の浪人が必要です。

もし一万人がこの役割を果たせば、乗り切れるでしょう。頭山は、一人で一万人の役割を果たしたのです。それ以上かもしれません。

玄洋社・頭山満の戦闘精神とはなにか？なぜ我々は継承しなければならないか？

玄洋社が日本国内に知れ渡るようになったのは、来島恒喜の大隈重信爆弾テロです。来島は、実行後自刃しました。身を殺して仁と為す。これが、後に一人一殺という表現になりました。この事件は、時の政治家に不平等条約改正を訴える衝撃的なテロとなり日本人の誇りを取り戻させる事件でした。長いものに巻かれ、力に屈することなかれ、国家国体国民を守る武士道精神です。このことが、

日本国民の魂を呼び覚ましたのだと思います。勝海舟も来島のために碑文を書いています。

外務大臣の大隈重信は、片足を失う大けがをしましたが、命は助かりました。大隈もあっぱれで、来島の葬儀に香典を送ったと逸話もあります。また法要には、代理人を出席させていたとも。

このことは、武士道精神を表しています。相対しても国を思う気持ちは同じ、命がけで戦えば、互いに尊敬する。このことが今の日本人に欠けているところです。

頭山翁も弔辞「天下の諤々は君が一撃に若かず」を贈られています。意味は、君の爆弾投擲が不平等条約改正という国民の意を表している。と解釈できます。浪人は、誰から頼まれたわけでもなく、命がけで事をなす。この総領が頭山満翁だったのです。

話はそれますが、安倍元首相暗殺を同じように考えている人もいます。賛否両論あります、私個人としては見解も違います。機会があればお話しします。

本題の国難においての、頭山満翁のような傑物の再来を願うのは、日本国の重石がなくなっているからです。見渡してください、命は惜しい、金も欲しい、地位も名誉も欲しい。今の政界、財界、官僚、学者に至るまで、指導的立場の人は、まるで、頭山満翁の生き方の反対を地でいっている人たちばかりです。西郷南洲遺訓の研究や精神を説く書物を出されている人が多くいますが、知識はあれども実践せず。日本国民皆が総崩れの状態です。ですから、西郷精神の継承者であり実践者の頭山満翁に憧れを抱き、頭山精神を知る人は、待望論的に継承者や指導者を求めるようになるのは当然です。また、この頭山精神が広まれば、さらにリーダーを求めるようになるでしょう。

財界、官界、政界に対しての頭山満翁の威力も裏には、頭山翁を支える人物達もまた皆傑物だったということもあります。名もなき人も多くいます、しかし、その人たちが、玄洋社の精神を守ってきたのです。無欲無私の人たちです。子孫のために美田を買わず、これを全うしています。簡単ではありません。家族の方々はご苦労されたと思います。財産は残さずとも魂＝精神は残っています。紹介しきれないほど玄洋社の面々の逸話は、多く残されています。今、批評家や評論家が多く、行動する人がいません。

日本人自ら国難を招いています。だからこそ、玄洋社の精神＝頭山精神が必要な時代と考えます。

いま取り戻さなければ、日本は亡びてしまいます。

▲現在の靖国神社の中門鳥居。

近代日本と武士道 知られざる靖国神社

知っているようで知らない靖国神社の成りたちからその創建の精神。近代日本の成りたちは靖国抜きには語れない！

◎聞き手・川保天骨（本誌編集長）

▲東京招魂社は1879年（明治12年）に明治天皇の命名により靖国神社と改称。

靖国神社権禰宜　兼
教学研究員

野田安平

のだ・やすひら／昭和36年12月板橋区に生まれる。昭和60年3月、國學院大學文学部神道学科卒業、神社本庁神職資格「明階」取得。同年　4月から靖国神社奉職。

◎収録日時　2021年11月23日　靖国神社　参集殿において

靖國神社の創建について

――靖國神社の創立からお聞きしたいのですが

野田　まず、はじめに私どもは、靖國神社の「創立」ではなく、靖國神社の「御創立」と申します。この神社は明治天皇がおはじめになり、歴代の天皇がお祀りになるので、「御創立」、「御創建」という申し方をします。

平成三十一年すなわち令和元年が、靖國神社御創立百五十周年でした。その百五十年前というのは、明治維新ですね。王政復古の大号令があって、五箇条の御誓文があり、伊藤博文が最初の総理大臣になり、大日本帝国憲法ができ、議会制度ができた。私たちが生きているいまのこの国は、歴史的には明治維新が基礎にあります。平成三十年十月二十三日に、政府は「明治百五十年記念式典」を挙行しました。慶應四年九月八日に、元号が「明治元年」に改められたので、その日の西暦である十月二十三日に式典が行われました。

しかし、この式典の本来の趣旨は、元号が変わったことを祝うものではないはずです。明治維新というのは、元号が「明治」に替ったことではなく、その以前に封建時代最大の大名である徳川家が政権を朝廷に返上し、朝廷において直に政治を行う、すなわち王政復古のことです。それがいまに繋がっているのですから、王政復古またはそのことによって今日に至る国家の制度の成立が「明治維新」として記念されるべきものです。五十年前の明治百年記念式典も昭和四十三年十月二十三日に挙行されましたが、いずれも、戦後の政治的、思想的な変化が歴史認識をゆがめ、王政復古・明治維新を素直に記念するのを躊躇している実情がありま す。思うに、本来、記念式典を行うのであれば、「王政復古の大号令」が渙発された慶應三年十二月九日を基点とするか、あるいは今日の憲政の基礎となる「五箇条の御誓文」が出された慶應四年三月十四日にちなむ日に、「明治維新百五十年記念式典」が行われるべきでした。いずれにしても、今回はめだった報道がなかったのが残念です。

ともあれ、この明治維新のとき、靖國神社はまさに国家機関の一部として創建されました。

さきほどの「王政復古」というのは、字を読めば、古い時代に戻るという意味です。「神武天皇の創業の基」という宣言もありましたから、もちろん初代神武天皇が即位されたときの建国の理想に立ち返る意味ですが、一方で、二百七十年前に政権を徳川家康に委任し、歴代の征夷大将軍が軍事政権として国政を担当したことを、大政奉還を経て法的に朝廷が、直接政治を執るとされたわけです。

にもかかわらず不幸にして、慶應四（戊辰）年一月三日、鳥羽・伏見でいわゆる戊辰戦争が起こり、この戦争は翌明治二（己巳）年五月十八日に、箱館五稜郭の開城で終息します。

この一年四か月の間の戦歿者を祀るために創建されたのが靖國神社です。神社と申せばそこには神様がお祀りされるわけですが、靖國神社はこの戊辰戦争で亡くなった人々です。戦後四十日を過ぎたばかりの明治二年六月二十九日、新たに首都となる東京の九段坂上に急いで仮の社殿を設け、古来の神道の礼典により、政府が慰霊の祭典を行いました。当時は、これを招魂祭と呼ばれました。その招魂祭を行う社が「招魂社」です。すでに京都東山の霊山や、その前にも長州藩各地に「招魂社」、「招魂場」が設けられていましたから、区別すべく「東京招魂社」とも呼称され、十年後の明治十二年に「靖國神社」と改称されます。

――戊辰戦争以前の方々も遡って祀られていますよね？

野田　この東京招魂社は、戊辰戦争の戦死者を祀るため、「軍務官」によって創立されますが、実はこれより以前、政府は、このたびの戦争（戊辰戦争）の戦歿者だけではなく、「嘉永六年以降の国事殉難者」を祀ることにするという布告を出していました。ちなみに「嘉永六年以降」というのは、アメリカの黒船すなわちペリー提督の来航以来として、よく説明されています。徳川時代末期のこの年を期して、日本は、大きな変革の時期に入るわけです。

そのことで、日本の近代史の幕開けは太平洋をはさんで日米の対決というような見方もされがちですが、米国艦隊来航の翌月には、ロシアのプチャーチンの艦隊も長崎に来航します。そしてその直後に、ユーラシア大陸の反対側では、ロシア帝国がオスマン・トルコが支配するウクライナへの侵攻をはじめます。ロシア正教とイスラム教の戦いでもあったクリミア戦争です。この戦争は、西暦一八一二年にナポレオンがロシアから敗退してからヨーロッパ再編成が始まり、順次に国民国家が成立してゆく過程で、世界大戦と言ってもよい大きな戦争でした。その戦争が実際に極東の日本にも波及して、幕末の日本の歴史に作用していることがあまり語られていないように思います。

その嘉永六年以降、「尊王」「攘夷」「倒幕」「佐幕」といったさまざまな政治的、思想的対立の中で、幕府の法に背いたかどで刑死したり、志半ばにして自決したりした人々が多くありました。戊辰戦争

のさなか、慶応四年五月十日、太政官が布告して、今次戊辰戦争の戦歿者のために一社を建立し、またこれとは別に、一社を設けて嘉永六年以降の「国事殉難者」を政府が祭祀すると布告しますが、戊辰戦争が長びき進捗しないまま年月がたちます。

　明治八年には戊辰戦争における旧幕府方の彰義隊の戦歿者のための金銅製宝塔を備える墳墓が上野公園に建ち、また函館では、最後まで政府に反抗した榎本武揚などによる旧幕府方の戦歿者を葬る西洋式の石造「碧血碑《へきけつひ》」が建立されてゆきます。そのあとに、さきに政府が行うと布告されていた幕末の勤皇国事殉難者は、東京招魂社に合祀してはどうかという議論が起こります。それが、明治十年の西南戦争の混乱を経て、遅れて明治十六年以降、順次、旧各藩ごとにお祀りされるようになります。安政の大獄に関する吉田松陰や、大政奉還の道筋を作ったと言われる坂本龍馬なども、祀られることになります。

　亡くなった日付で申せば、最も早くに難に殉じた方は、久留米藩の家老脇・稲次因幡という方で、嘉永六年十二月三日、藩論の混乱の中で自害されています。

——靖國神社以前は、殉難者の慰霊はそれぞれの藩で行っていたそうですね。

野田　明治維新の前は封建制です。土地・人民支配の主権は、各地の大小の封建領主（大名）にありますから、それぞれの家臣や所領の人民で、国事に斃れたものがあれば、それぞれの藩において藩主が慰霊の法要などをしています。中でも長州藩などは仏式ではなく、文久三年（一八六三）に「招魂祭」という神式で行っています。これには、幕末に国学の学習が盛んになり、それまでは「寺請制度」や「宗門改め」により葬儀は仏式に限られていたものが、神式の「神葬祭」の齋行が各地に広まりつつあったことも関係しています。

——幕府の方ではどうでしたか?

野田　幕府の戦歿者慰霊については、ひとつたいへん特徴的な事例があります。元治元年（一八六四）の禁門の変（蛤御門の変）は、政局の混乱のなかで、長州藩が京都において大きな戦闘を起こし、結果は長州軍の敗北になります。その長州藩の責任を問うために、朝廷の意を受け（その実は、幕府側の強硬な軍事発動の意思があり）、十四代将軍徳川家茂が長州征討軍を編成します。慶応二年の第二次遠征の際には、将軍家茂自身が大阪城に出陣します。

関ヶ原の戦いが終わって徳川家康が征夷大将軍に就職しましたが、その後、軍事政権でありながら徳川幕府は一度も戦争していません。二百七十年間、平和を保ちながらやってきましたが、最後の最後になって将軍自身が大阪まで出陣して陣頭指揮を取るという、言い換えれば幕府にとっては大失態です。問責といえ、戦争を起こしたわけですから。

この事は、幕末・明治維新の最大の焦点ですね。ここにいたるには、倒幕とか薩長の同盟とかいろいろあるけれども、当時のひとつの大きな政治責任を幕府は負わねばならなくなりました。結局、幕府は大政奉還し、これを受理した朝廷が発出する王政復古の大号令となります。

慶応二年七月、この第二次長州征討のさなかに、総大将である征夷大将軍徳川家茂が病死します。それで、幕府による長州征討は明確な結果に至らないまま、朝廷の許しを得て沙汰止みとなり、幕府軍は解兵します。薨去した徳川家茂の後を継ぐのは、一橋家を相続していた徳川慶喜で、正式に将軍に就職するのは、この年の十二月になってからでした。その直前、つまり征夷大将軍不在のままなのですが、幕府は、芝の増上寺で、こんどの長州征討における幕府直属軍の戦歿者の葬儀（法要）を行います。十一月二十五日の朝、江戸城西の丸正門前の歩兵屯所から、戦歿者の氏名を記した巨大な位牌を担う幕府兵士たちが増上寺まで行軍します。本堂に安置された位牌の前で全山の僧侶三百人の読経があり、江戸市中に駐屯していた各藩から徴兵された合計一万人もの幕府軍兵士が増上寺山内に集結し、部隊ごとに焼香したそうです。武士階級だけではなく、鍬・鋤・大工道具を持った土工兵の部隊も参列していました。

——すると幕府は、その最期の頃に、徳川家や江戸幕府に忠義をつくして戦死した人たちの慰霊を、きちんと行っていたということになりますね。

野田　そうですね。この大慰霊祭（葬儀）を行った一年後に、徳川幕府は政権返上することになります。幕府が行った前代未聞の芝・増上寺における戦歿者のための仏式大法要は、西暦一八六七年という時点で考えると、世界中に国民国家が形成されてゆく過程で、政府による戦歿者慰霊としては、きわめて早い時期に行われたものと言えると思います。将軍不在の時期ですが、主宰したのは、陸軍奉行の竹中重固と軍艦奉行の勝安芳（海舟）です。のちに、靖國神社と、陸軍大臣・海軍大臣が共同で管理することにも通じています。軍人が軍人を祀るという戦歿者慰霊の始まりが、ここに見られるような気がします。

――大政奉還のあと、旧幕府側の人たちの慰霊もされているのですか？

野田　最初にお話ししたように、大政奉還、王政復古の大号令ののちに、戊辰戦争が起きてしまいますが、徳川幕府はすでにないものの、まだ封建制は続いています。新政府の側にたつ薩長土肥とこれに対立する諸藩。一部の旧幕臣たちとの間で戦争になります。もちろん、戦争とはいうものの、法的にはあくまで政府に反抗するものを討伐するというものになります。戊辰戦争後、政府は東京招魂社を建立しますが、それはあくまでも国法を基盤とするものですから、いかに戦歿者といえ、討伐される側を慰霊の対象とすることは、古今東西あり得ないでしょう。

▲靖国神社に集う人々。

ただし、繰り返しますが、戊辰戦争の際には、まだ封建領主である各藩の藩主がおり、討伐を受ける側の戦歿者も、この藩主のもとには忠義の死者です。この時点では、「官軍」にせよ「賊軍」にせよ、各藩の藩主が、自国の戦歿者を鄭重に慰霊したことは、先に申した徳川幕府の例と変わりありません。その後、順次に、藩籍奉還ということが行われ、鎌倉時代から長く続いた封建制は終わりをつげ、日本は中央集権制の国民国家体制に移ります。そうした過程で、旧幕府側の戦歿者の慰霊が、現在まで十分に行われていないという意見があるのは当然ですが、それは、新政府が「勝てば官軍」と言われるように意識的にそうしているのではなく、明治維新前後の国家体制の変革（国家予算にかかわる経済的な面）がしからしめたものというべきと思います。

　現在からみれば、賊軍とされた方々に

も大義があり、国を愛し、国を想っての事であって、国を滅ぼそうと思ったり、朝廷を乗っ取ろうとしたわけではないですね。一方、靖國神社とは国を愛する人々、国に殉じた人々が祀られるところだという考え方には間違いはないですけれども、国を愛すれば「法」を無視していいのか？　愛国無罪かと言うとそうではないですよね。

西南戦争で最後に亡くなった西郷隆盛は立派な人格者で国家の大功労者なのに、なぜ靖國神社に祀られないのかという意見は多くあります。これはもう百年以上議論が続いていますが、やはり西郷さん自ら作った国家の「法」に違背したことが事実としてあるわけですね。

昭和になってからは、二二六事件や五一五事件もありました。刑法犯として処断された関係者たちはみな、国の将来を思い、自己犠牲の覚悟を持っていたと言われます。それゆえにもし、靖國神社に祀られるという名誉があるとして、それが約束されていたら、かえって「法」は守られなくなりますよね。

靖國神社とはそういう意味で、非常に限定的な存在です。靖國神社はやはり法律的な存在であり、法律の中にある慰霊であると言えるのだと思います。

――靖國神社がその法律的な存在ということは、お祀りされる方々にも関係するのでしょうか？

野田　戦争で亡くなった人は、軍人、軍属だけではありません。一般の国民も空襲の犠牲になったり、あるいは、勤労動員に従事したりする中で、様々な災害で亡くなったりします。戦争関連死という言葉はあまり聞きませんが、そういう実情があります。

大都市のみならず、地方の町村に至るまで空襲があり、住民を指導しながら降ってくる焼夷弾の消火中に殉職した、「隣組」の班長さんがいます。そうするとこの方は、公務員ではないけれども「防空法」という法のもとに責任を果たしたのです。これは公務に殉じた「公務死」と認定することになる。沖縄では、上陸する米軍との地上戦を予測して、文部大臣が学童を九州方面へ疎開させようと県知事に命令を出します。親としては、自分の子供は自分たちで守りたい気持ちがあります。しかし、国の命令によって何千人もの学童が、船で九州や台湾へ、疎開させるということが続きます。が、その中でただ一隻「対馬丸」という船が、アメリカの潜水艦につけねらわれたあげく魚雷攻撃で沈没してしまいました。そうすると、「あの時、子供を船に乗せなければよかった」、と親は嘆くわけです。自分が守ってやれなかったと。

この子供たちは戦争をしたわけではあ

▲靖国神社内にある遊就館。

りません。ただ国家の命令に従って疎開せよと言われ、その国家の業務に従事したということになります。あとからそういう法律の解釈になるのです。戦後、「遺族援護法」という戦死したり負傷したりした軍人軍属の人達に対する援護の法律ができますが、その対象を法の解釈改正によって少しずつ広げていきました。子供たちだけではありません。引率の為に一緒に乗船して、亡くなった先生たちもいます。先生たちは疎開の対象ではなくボランティアで乗っていたのです。だから法律では最初はカバーされていませんでした。でもやがてこうした先生たちに対しても、校長の命令で、つまりは国家の要請で、子どもたちを鹿児島まで送り届けるという任務についていたという事になっていったのです。

　靖國神社が法律的な存在と申しましたのは、こういう様々なことを踏まえると思えてくることです。つまり、「法」に基づいて統治される「国」、という存在があってこそですね。

——当初は靖國神社という名称ではなかったですね。

野田　明治二年（一八六九）五月十八日に箱館で戊辰戦争が終わって、四十日後に創建されましたが、当初は「招魂社」または「東京招魂社」と呼ばれました。そして明治十二年に「靖國神社」と名称が変わります。

　西暦一八六九年の時点で世界中を見渡すと、アメリカでは四年前に南北戦争が終わりました。翌年には、ヨーロッパではフランスがドイツのプロイセンとの戦争（普仏戦争）で敗北し、共和制になります。同じ年に、イタリアではロ—マ教皇から独立したイタリア王国が全土を統一します。各国にいわゆる国民国家というものができてきました。そのような時代に、政府が国民の戦歿者を慰霊するという方式を確立したのは、実は日本が最初ではないかと思います。

新たな国家体制の発足に際し、何にも先んじて国家に殉じた英霊を祀る儀礼を実施したのは日本が一番早かったのだと思います。

その実際は、まず、戦歿者の霊をこの地に留める、つまりは、死者もまたこれから始まる新しい国と共にあるということでしょう。「招魂祭」を「招魂社」で行います。やがて、その招魂社の祭祀を未来に確実に継続する意味において、神霊は永久に鎮座するのであって、一時的な祭典の場と感じられる名称の「招魂社」は「神社」になります。そのときに、「靖國」と命名されます。出典は、漢籍ですが『春秋左氏伝』に、「吾以靖國也」から採られました。「靖國」は「安らかな国」とも読めますが、正しくは、「国をやすんずる」です。祈念を籠めれば「国が平和になるのではなく、国民が生命を賭して国家の安泰を実現したという事実が表現された命名だと思います。

――外国はどうでしょうか?

野田　今は、「無宗教式」などといって、亡くなったかたに「黙祷」を捧げることがありますね。この、死者に捧げる黙祷というのは、第一次世界大戦が終わって一周年の一九一九年（大正八年）十一月十一日にイギリスで始まったことです。戦争が終わったころ、あるジャーナリストが「国王は戦死した国民を慰霊すべきではないのか」という提案をしたそうです。日本ではそれよりちょうど五十年前、明治天皇が靖國神社を御創建になっているのですが。

明治時代に日本へ外国から沢山の人が来ていますね。各国の大使館には、武官もいます。そういう人たちが、靖國神社の祭典を見学したり参列したりしています。どうも彼らが本国に、「日本の戦歿者慰霊祭に立ち会った」だけでなく、儀式の内容など詳しい調査もしていたらしいのです。特に、日露戦争の日本の勝利を目の当たりにして、自分たちの国ではまだやっていなかった事に気付いたのです。

今、ヨーロッパ中の各国が作った戦歿者メモリアル、モニュメントなどはだいたい第一次世界大戦後のものです。

――ヨーロッパはなんでそんなに遅かったんですか?

野田　「ヨーロッパでは、そういう戦争はしてなかったから」とは言えないですね。ヨーロッパもアメリカも、ずっと戦争してきたのですから。イギリスの国王が毎年十一月十一日に慰霊祭をするのは第一次世界大戦の戦勝記念日からですが、それ以前の戦争では、国をあげての慰霊祭はしていなかったようです。アメリカもそうです。すべて第一次世界大戦後のことなんですね。国をあげての儀礼ということでは。

それは王国が共和制になったり、政治体制が変わったりし、それ以前の儀礼が継続されていないという事もあるかもしれません。そういう点では日本は主権者がずっと変わっていませんから、戦没者慰霊の歴史を百五十年遡ると最古ということになります。それよりも前、ナポレオンが自分の兄をスペイン皇帝に即位させたりと、ヨーロッパはみなナポレオン一家のものになったけれども、自分達の為に戦死した人たちをどこかの教会でミサをしたとか、そういう事実があったのか、私は知りません。この時代に、かつての江戸幕府が増上寺で行った大法要や、その後の靖國神社の創建ということと同じように考えられるものがあったかどうか、もう少し詳しく知りたいと思っています。

こうした国を挙げての戦歿者慰霊のあり方を見てみると、西暦一八六九年の日本における靖國神社の創建からして、日本という国は「国家」という概念をいち早くまとめ上げた国だろうと思います。先の大戦に敗北し、憲法が変わりましたが、今日も靖國神社のお祭りが続けられています。今、政府は靖國神社に関われなくなっていますが、一方で、八月十五日に武道館で戦歿者追悼式を毎年行っているということに、王政復古以来の国家の継続を感じることができます。

――話を戻しますが、戊辰戦争以前に遡って合祀された人たちに関してお聞きしたいのですが。

野田　先ほども申しましたが、ペリー来航の嘉永六年に遡るのですが、戊辰戦争の江戸開城で一段落した慶應四年五月十

▲神門にある菊花紋章。

日、今度の戦争で亡くなった人々を慰霊するためと、嘉永六年まで遡ってそれ以後に国事に殉じた人々を慰霊するためにと、二つの祠を立てると、これは天皇の思し召しにより政府の責任において実行すると太政官が布告しました。ところが七月に東北の諸藩が奥羽列藩同盟を結び、九月まで戦争が続きます。その後も、旧幕府方の勢力は蝦夷に渡り箱館を攻略してしまいます。官軍がこれを平定して明治二年五月にようやく戦争が終結します。太政官が戦歿者慰霊を行うと布告してから一年が過ぎていました。

この間の慶応四年九月に明治元年と改元され、東北の戦争が終わった後の十月に、明治天皇は東京に行幸になりました。七月に江戸は東京と改称されていました。幕府の解散により当時まで政治、経済の中枢であった江戸が衰退するのは、その後の国力の衰退につながりかねませんし、さらに日本国全体を見渡せる江戸に、新政府は政治機能を移すことを良策と考えたわけです。まだ、戊辰戦争が継続しているときに、同時にこうした将来の国運に関わることを政府は検討しているわけです。

そこで東西二都の考えで、江戸を東京とあらため、明治天皇も東京にお移りになります。この十月の東京行幸の際は、年末にいったん京都に還御になりますが、翌明治二年三月、天皇はふたたび東京へ行幸になり、以後、江戸城あらため「東京城」はさらに「皇城」と呼ばれることになります。

その後、五月に函館における旧幕府方の降伏で戊辰己巳戦争が終り、六月には軍務官が東京の麹町（当時は第三大区）の九段坂上に招魂社を建立します。

こうした経緯があって、当初、京都の東山に二社を建立して、今次戦争の戦歿者、また嘉永六年以後の国事殉難者を祀るという太政官の布告でしたが、京都において実現する前に事情が変わり、今次戦争の戦歿者のための招魂社がさきに建立され、関係諸藩の戦歿者の功績調査、名簿の作成が優先されました。嘉永六年以降の国事殉難者の調査は、遅れがちになります。

但し、この間、嘉永六年以降の国事殉難者の慰霊が、まったく行われていなかったわけではありません。幕末の文久年間から、有志や各藩毎に京都の東山に国事殉難者の墓標や招魂社を建てたり、招魂祭を行っています。戊辰戦争のあとには、廃藩置県後の各県に招魂社が建てられてゆきます。明治七年以後、こうした全国に点在する招魂社や殉難者の墳墓を官費によって維持しようということになります。

そこで、かねて、政府が一社を建立す

ると布告されていたことが思い出されるわけです。

すでに明治七年一月には、明治天皇が東京招魂社に行幸になり、御親拝を賜っています。この東京招魂社に、嘉永六年以降の国事殉難者もともに合祀するのがよいのではないかという意見が出ます。明治八年一月に正式にそのことが決まりました。しかし、同じ頃、佐賀、萩、山口、熊本などでいわゆる不平士族の乱が続き、明治十年の西南戦争が終わるまで、不安定な政情が続きます。全国一律に、かつての国事殉難者の功績調査を進めるのは困難でした。

そのことがやっと実現するのは、明治十六年になってからで、ここに慶應四年五月に出された二つの太政官布告は、東京招魂社において実現を見ます。この間、明治十二年六月には、東京招魂社は今日の名称「靖國神社」と改称され、「別格官幣社」という社格がつけられます。以後、「神社」の格式をもって、戦歿者、国事殉難者の祭祀が行われることになります。

――吉田松陰などもそこに祀られていますよね。

野田　幕末の殉難者の合祀は早くから、東京招魂社に合祀することが決められていたと申しましたが、最初は、明治十六年に、旧土佐藩関係の殉難者の合祀が行われました。土佐勤皇党に関係する武市半平太や坂本龍馬、中岡慎太郎などが著名な合祀者ですね。

吉田松陰は、明治二十一年、長州藩の関係者が、祀られたときの名簿の中に、お名前があります。

明治二十二年には、旧水戸藩関係の殉難者が合祀されます。水戸藩と言えば、安政七年三月三日の桜田門外で幕府大老を襲撃した関鉄之助などや、武田耕雲斎を首領とする「天狗党」の上京行軍に関わった四百人以上も含まれています。幕府の命で死罪にされた一党には、耕雲斎のまだ三歳にならない孫もいました。

このように、時期は少しずつ異なりますが、廃藩置県後の各県ごとに、管下の旧藩時代の殉難者の名簿を整え、内務大臣が上奏し、天皇の御裁可を経て靖國神社合祀に至るわけです。

――なるほど。大変勉強になります。世界に先駆けての国家での慰霊というのは初めて知りました。

野田　同時代の世界史的に考えると、日本の靖國神社は驚異的です。戦歿者を慰霊するということは、その国の国力、国民の道義そのものに関係します。

武士道と靖國神社について

野田　一般的に「武士道」という言葉に

ついては、靖國神社にゆかり深い言葉のように思われますから、私自信ももっと勉強しなければなりませんが、時々「武士道」という言葉が誤解して使われているのではないかと思うことがあります。

　例えば平成十四年に現在の形に遊就《ゆうしゅう》館《かん》（※）がリニューアルされました。私は、いろいろな先生にご協力いただきながらの展示計画を担当しましたが、当時は「武士道」という言葉は解説文の中に一言も入れていませんでした。その後、時間もたつうちに、いろいろな解説に「武士道」という言葉が加わるようになりました。しかし、明治以降の近代の軍事に関して言えば「武士道」という用語はありません。「武士道」という哲学的、文化的な概念は、明治維新以後の天皇、朝廷を中心とする国家において何であるか。近代の軍事、戦争という歴史の中に「武士道」で戦ったと言う事実はあるのだろうか。「武士道」が関係するなら、それはどのような文脈で語られるものなのか。ここは冷静に考えなくてはいけないと思います。

　例えば乃木大将が旅順攻略後、明治三十八年一月四日に敵将ステッセルと水師営において会見をします。そこで、旅順方面における日露両軍の休戦協定を結ぶのですが、乃木大将が「武士道精神」を持ってステッセルに接したということが言われます。

――それはよく聞きますね。帯刀を許したとか。歌もありますし。

野田　これは乃木大将の武士道精神によるものではなく、乃木大将は徹頭徹尾、日本の「軍法」および「国際法」、つまり本来は「遵法精神」で行動されているのです。

　明治三十七年に戦争が始まった時点で、明治天皇が「開戦の詔書」を出されます。その中で、「国際法」に悖らざる限りあらゆる手段を尽くせと示されています。戦争において、「法」で禁じられていることはやってはならぬということなのです。日本人が古くから伝わる武士道精神とかではなく、現行の法の尊重が言われています。『水師営の会見』の歌にも出てきますが、ステッセルが自分の乗馬を乃木大将に贈呈した話でも、「これは戦利品となるべきものだから、日本軍法によって許可されてから頂戴する」と、大将は挨拶しています。あくまで「法」に従ったもので、ことさら乃木大将の武士道精神として結び付けるのは、むしろ、「武士道」の意味そのものを取り違えてしまうような気がします。

「武士道」というものを至上の価値観として、全てがそれに基づいての行動とすると、事実の本来の意味を見過ごす議論になってしまいます。

（※）遊就館＝（ゆうしゅうかん）は、靖国神社境内に併設された同社の祭神ゆかりの資料を集めた宝物館。

▲遊就館内には零式艦上戦闘機52型が展示されている。

それはまた、「武士道精神」を発揮して、「愛国精神」があれば、「法」に違反してそれで死んだ人も、殉国の英霊と讃えられてよいのではないかと言う誤解につながります。さきほども申しましたが、西郷さんが靖國神社に祀られるべきだという心情はよく分かります。新渡戸稲造が『武士道』を著すより前に、内村鑑三が『代表的日本人』を英語で著しました。その中で内村は武士道精神の発露として西郷隆盛を筆頭に掲げて高く評価しています。内村鑑三によらずとも、西郷隆盛を称揚しない人はいないでしょう。

ほかに、戊辰戦争では賊軍となってしまった白虎隊の若き戦士たちが、武士道精神を発揮したことを認めない人はいないでしょう。

しかしながら、先程から申していますように、あくまでも靖國神社は「武士道」ではなく、「法」に従う概念が基盤にあるのです。

時代はくだりますが、大東亜戦争においては、シドニー湾に特殊潜航艇で突入した松尾敬宇中佐が、ハッチを開けて身を乗り出して日本刀をふりかざしました。敵のサーチライトがそれを照らした時、鬼神の如き松尾中佐の姿をオーストラリア海軍の軍人達が見ています。菊池千本槍を携えて戦った松尾中佐の「武士道精神」も語られます。

軍人だけではなく、戦争中に台湾で烏山頭ダムという今も稼働している巨大なダムが造られ、それは八田與一という日本領時代の台湾総督府の技師の仕事でした。台湾の李登輝元総統が生前、「八田先生の偉いところは、単にダムを作っただけではなく、広大な地域を潤せるように延々と水路を作ってくれた。それは、その地域の貧富の格差をなくす知恵と心が込められていた。そのように設計してくれたのだ」と語られています。八田は台湾の後にフィリピンの灌漑を政府から命じられますが、フィリピンに向かう途中、アメリカの潜水艦の魚雷攻撃で殉職してしまいます。このとき八田與一は海軍軍属の身分でしたので、いま靖國神社に祀られています。

その八田與一の息子四人は全員戦争に行っていましたが、どなたも戦死せず復員されました。残された奥様と息子たちにとって、そこからが戦後の再出発になるはずなのですが、奥様は夫が造った烏山頭ダムに身投げしてしまわれました。

これは私が以前、台湾旅行に行った時の話ですが、烏山頭ダムと八田與一の説明をされたバスガイドさんが、「だから、子供たちはお母さんを恨んだんですよね」と言うのです。それはそうですよね。「お父さんは亡くなってしまわれたけど、お母さん、これからは我々が支えますから」と、四人の息子たちは言っているのに、お母さんは身投げして亡くなってしまったのですから。「なんのために死んだんだ」、「これは悲劇だ」って台湾のガイドさんが話していました。

実は八田與一は、台湾には自分が設計した烏山頭ダムだけでは足りないので、さらに大きなダムを建設せねばならないという計画を持っていました。それと、作っただけでは駄目で、これをメンテナンスするため、台湾の人に技術指導しなければならないとも考えていました。そういう思いを残したままフィリピンに向かわれました。そして志半ばで亡くなってしまった。奥様にとってはその夫の心残り、夫が命をかけて残したこのダムを後々守っていかなければならない。でも奥様自身にはその技術がないわけです。ここで私が思ったのは、奥様は夫の代わりに自分が死んでダムを守ると。ダムの「鎮め」として、「魂」をもってダムを守ろうとされたのではないかと。バスを降りる時、そのことをガイドさんに話しましたら、日本語が流暢なそのガイドさんは、「そうか。『魂』が守るのか」と言って、びっくりした顔をされました。

『日本書紀』にある日本武尊の話ですが、戦いの途中、今の浦賀水道を船で渡ろうとされたとき、嵐に遭って船が進まないので、同行されていた妻の弟橘媛が、海神の怒りを鎮めようと身を捧げて海に飛び込まれました。己の命をかけて夫の成功を祈った。この故事を、八田與一の奥様が実行されたのだと思うのです。武士でもない、軍人でもないところにも、「武士道精神」があると思います。

――「武士道精神」とは、日本民族の根源的な部分に根ざしている。男女、身分、職業を問わず、すべての日本人の心に宿されていると言うことですね。

▲遊就館では歿者合祀の招魂式（戦前）の実状が再現されている。

野田　では、靖國神社に祀られている方々の話をしますと、靖國神社には二百四十六万柱の戦死者が祀られていますが、この方々すべての人が「武士道精神」を持って、覚悟を固めて戦場に赴かれた、と簡単に言っていいでしょうか。中には「行きたくない」とか、はっきり「この戦争に反対だ」と書いた人もいました。では、この人達には「武士道精神」がなかったと言うことになるのでしょうか。

「靖國神社と武士道」ということを考えるとき、一つの理解として、殉国の「殉」という字が思い浮かびます。「殉死」という言葉は「殉じて死す」と読めるけど、「殉じる」には、誰かに、何かにしたがって命を果たす、という意味があります。ですから「殉死」は、「死」そのものに「殉じる」とも読めます。たとえこの戦争に反対とか、行きたくないという思いを持っている人でも、その方が国家の命ずるところに赴いて命を捨てたという事、そこに「殉」という事実がある。それは「武士道」にほかならないと思います。

靖國神社と武士道とを結びつけて、どういう関係があろうかと考える時、勇猛に戦死した方が武士道精神を発揮したとのみ言ってよいでしょうか。なかには勇気がないまま不幸にして敵弾にあたって死んだかた、戦場で病に倒れたかた、飢えて身果てた人もいる。それでもその方々が国に殉じた事実は同じです。ですから、生前の功績やひとりひとりの志操に区別なく、ひとしく靖國神社に祀られているのです。その方々を「殉国の英霊」と称えて、我々はお祀りしお仕えしているわけですよね。この方々の国に「殉ずる」という事実の中に、「武士道」というものを見なければならないと思います。

もし、現代において靖國神社を「武士道」の聖地であるとか、「武士道精神」を発揮した人たちが祀られていると考えるとすれば、それは、誰かのために、何ものかのために殉じたという、圧倒的な多数の事実に由来することだろうと思います。

近代社会と「個人」が認識される「武士道」

最後に、靖國神社の来歴についてもう少しつけ加えて申します。誤解されている方もあるかも知れませんが、戦死すれば靖國神社に祀られるという法律や規則は、もともとありません。徴兵制で二十歳になったら、体格、健康の検査を受けて甲乙丙とランキングされて二年間の兵役につく。戦争がひどくなったら乙種でも丙種でも徴兵される。そういう法律はありました。けれども戦死者を靖國神社に祀るという法律はないのです。明治二年（一八六九）に、戊辰戦争の戦歿者を初めて東京招魂社にお祀りしたその前例に従って、それ以降の戦役・事変の死歿者も祀られてゆくという慣例のようなものになっています。「国が靖國神社に祀ってあげますから」とか、「春秋にはお祭りがありますから安心してください」など、そんなことを政府は一度も言っていません。そういう制度ではないのです。国家非常のとき、国民が法に従って国に殉じたことが、国家、公共、社会の公益に直結しています。そのことを認識した政府が、国民が、殉国者のために行うのが靖國神社の祭りです。

西暦一八六九年、世界に先駆けて日本、政府は戦歿者慰霊の施設を作り、儀式を行いました。近代国家、国民国家というものがヨーロッパに続々と成立してゆく時代に、政府が行うべき戦歿者追悼のし

きたりをいち早く確立した日本は、適当な言葉でないかもしれませんが、やはり、先進的な国だったと言いたいです。

　近代国家は憲法を作ります。その憲法はいま生きている人に適用されます。しかし、国家に準じた国民一人一人を、きちんと数えてお祀りをする。名前だけでなく、いつ、どこで、何の人だったかと記録して永久にその名簿を保存する。死者のための不文の憲法が日本にはあります。このように、いちはやくヒューマニズムに支えられた国づくりをしたのが日本の明治維新だったと思います。

　学習院長であった乃木希典大将が、明治天皇の御大葬の三日前に、幼い皇孫・裕仁親王（のちの昭和天皇）に、自分が生涯愛読し朱字で多数の書き込みをした『中朝《ちゅうちょう》事実《じじつ》』を献呈します。「殿下は、やがてはこの国を統治しますお方なれば、よくよくこの書をお読みくださるように」と申しあげたそうです。

　この『中朝事実』こそは、江戸時代の寛文九年（一六六九）に山鹿素行が、日本国は神代より伝わる歴史を有し、万世一系の皇統連綿として、かつて外国のような革命のなかったこと、この国を守るために先人たちが一命をかけて守り抜いてきたことを書き連ねたものです。江戸時代を通じて、どの藩の武士もこの書を読み、自分たちが単に武士という特権の座にいるのではなく、「さむらい」とは、人に、何かに「さむらう」もの、侍（はべ）る者として自覚をもち、世のため人のために奉仕する矜持を涵養《かんよう》したのでした。だからこそ、明治維新の時、すべての武士が武士をやめることをしました。たとえ外見は変わっても、平時には社会に奉仕し、非常のときには国に殉じる覚悟、常に公《おおやけ》にさむらう精神を捨てなかったからです。さきの大戦（大東亜戦争）の敗戦により、「武士道」という概念の表明が禁じられたような時期がありますが、日本人一人一人が、これからもその精神を忘れることがないかぎり、この国の永続と繁栄はたしかなものになるはずです。

日本がどんな成りたちで、どんな国なのか、
本当のところを知って欲しい！

町辯《まちべん》五十八年！愛国狂人

◎辯護士（べんごし）内野経一郎

うちのけいいちろう・昭和11年10月15日鹿児島県東郷町（現・薩摩川内市）生まれ。同30年3月宮崎大宮高等学校卒業。同34年3月中央大学法学部卒業。同37年3月中央大学大学院修士課程修了。同37年10月司法試験合格。同40年3月司法修習終了（一七期）。同40年4月弁護士登録。藤田一伯弁護士（二弁・一七期・早大政経卒）とともに前田知克法律事務所勤務。同41年5月藤田弁護士と共に東京第一法律事務所開設。同47年別経営で現在に至る。

2021年10月23日
新橋・道義の会事務所にて収録
◎聞き手　川保天骨

女性は高等教育を受けながら子供を産もう！

——先生、愛国狂人とは号ですか？

内野　いや〜、思いつきだよ。

——どういう意図がこの名前にあるんですか？

内野　とにかく、性、セックス、ジェンダーに関わることについて保守の連中は左翼に叩かれるのが怖くて手を付けないんだよ。だからどんどん人口が減っていくのに知らん顔してるんだ。俺はとにかく女性に子を産んでくれと。好きな男に抱かれて、とにかく子を生んでくれと。国家が全部面倒を見ると。妾でも手掛けでもいいよと言うわけにはいかんからな。男に頼らなくともその子の将来には国家が全責任を持つと。結局何を提案しとるかというと、女子教育を振興しようと言ってるわけ。高専、大学は女子に関

人生の大先輩に編集長自ら質問！
日本はこのままでいいんですか？

しては授業料無料、大学については全部託児所と養育院を併設しなければならない。高等教育を受けてお母さんは学費ゼロ、託児所代もゼロ、全部国家が持つ。とにかく高等教育を受けながら、子を産めと。女性が安心して学問ができるように、芸術もできるように。技術もそこで覚えなさいってね。

——女性を優遇して国の基礎になる人を増やせということですか？昔の人は兄弟多いですよね。自分の母親や父親の時代は七人、八人は当たり前の時代でしたが、今せいぜい一人か二人ぐらいですかね？

男はね擬似的に戦（いくさ）をやらせないと駄目だ！　内野

先生は日本の人口が減っていくことに危機感を覚えてそのようなことを提案しようと言っておられるのでしょうか？

内野　これはね、俺だけがキチガイになっても解決はしない。キチガイの同志を募らなければいかんと思った。

——これからどんどん高齢化社会になってきて、若い人が減ってくるわけですから、つまりそれは国の勢いが落ちてくるというわけですよね。それに対する現実的な具体策の提案というわけですね？　ちょっと思うのは、女性を大切にする。これは確かにいい。子供産む。これもいい。ただ女性だけだと子供産めないですよね？　私は今の日本の男が駄目にされているような気がして。男が女にアタックする気力がなくなってるんじゃないですか？　情報が溢れすぎてる。恋愛より楽しいことがたくさんある。家帰ってＡＶ見ながらセンズリこいてパーですよ。生殖自体をしないという人達が増えてるんじゃないですか？　生物的にも男は消え去る運命の存在ですよね。そういう状況のこと先生はどうお考えですか？

内野　うん。でも女性をまず活性化しないとね。女性がフェロモン出さんと男が反応しないでしょ？

——動物と反対で、人間の男は脳みそが大きくなってしまって野生にタガが掛かってる状態だから、女に誘惑されないと性的な発動がないということらしいですね？

内野　まず女性を活性化するのが俺の考

え。それでね、男はね擬似的に戦（いくさ）をやらせないと駄目だ。だからスポーツをやるというのは非常にいいんだよね。勝負事だからね。

——日本人の男は牙を抜かれてるっていうんですか？　なんか、優しい男を目指してますよね。それを感じたのは日本のアニメとか映画とか漫画の主人公がそんなのばっかり。全部を見たわけじゃないですが、すごく繊細で優しい男の子しか出てこない。日本の若者文化自体に「優しさ前提」みたいなところがある。そんな印象を私は持ってますね。とにかく日本人男性の優しさっていうのが全面に押し出されてる。優男（やさおとこ）の世界。平和的で物分りが良くて、素直。まあ、私と真逆ですが（笑）。この状況についてですが、海外との比較で、私がアメリカとか南米に行ったときの印象を言いますと、向こうは男ってマッチョじゃないですか。とにかく優男の立場はないですよね。頼もしくて男性的な自信に溢れたマッチョじゃないとモテない。日本人の優男なんか相手されないですよ。逆に言うと日本の女性が優男を求めるから男はみんな優男目指すという方向性とも言えるかもしれない。そうすると、何かしら文化的な作用が女性に働いて、男がそれに引きずられているとも言えなくもない。私からすると、日本の男がどんどん弱くなってるのは女のせいじゃないかと。人のせいにするみたいですが（笑）。そこに悔しさと言うか「日本の男はそんなもんじゃないぞ！」という所を見せたいんですよね。

内野　そこであなたが「真武士道」とおっしゃるんだろうね。

——考え方として、日本人が今後自立していく国家を目指すのであれば、まず対米追従は駄目なんじゃないかなと。ある程度精神的な強さを持って言うことは言う、そういう毅然とした態度を持ってないと国際的にも相手にされないですよ。今、中国にもアメリカにも何にも言えない、まさにアニメに出てくる男の子の人格、ものわかりの良い優しい奴でしかない。私は男としては戦闘的な心を常に持っているという男じゃないとどこも相手しないんじゃないかと思いますよ。もちろん国家も基本はそうあるべきだと思いますね。戦争をするという意味ではなくて精神の問題ですよこれは。「こいつは、殴ったら殴り返してくるぞ」っていうものを相手にわからせないと。これは当たり前の話だと思います。日本人はこの事を戦後一切放棄させられたんですかね？　腰抜けですよ。そう思いますよ。

強さというのは、実際の戦闘能力もあるとは思うんですけど、心の部分で負けないぞっていう部分。いくら格闘技やってようが、これがなかったら上っ面の飾りものですよ。単なる技術でしかない。反骨と言うんですか？　ナニクソ！　という部分。もちろんこれは人それぞれのパーソナリティーがあるでしょうから皆が持つことはできないだろうし、それは現在の状況からは相当難しいとは思うんですが。ある程度、覚悟を持った人間のパーセンテージを上げていくための教育が必要じゃないかと。日本人の男には「関門」がないんですよ。男になるための。

　私は戸塚ヨットスクールの戸塚先生が言われているような理論やスパルタ教育は必要だと思いますけど「人権」や「生命絶対主義」の今の世の中でそれは完全にタブーになってますよね。一長一短はあるとは思いますが。引きこもりやニートの問題もここの部分にあるような。

内野　俺も戸塚に惚れ込んでる。

――男を男にするための教育機関が必要になってくると思います。

内野　人間というのは所詮動物なんだ。動物は餌を得るのに命がけで獲ってたんだよ。それが今は口開けとれば人が餌をくれるんだよ。

――命がけというのが失われてますからね。

内野　戸塚ヨットスクールの哲学はなんだ？

――哲学？　う〜ん、動物的な部分を思い出させるということですか？本来の野生の部分。

内野　そう。それが彼の哲学でしょう？

――小野田寛郎先生も『小野田自然塾』という私塾で子供たちに野生を取り戻させる上での訓練をしていたと聞きました。野生に回帰するというのは必要ですね。

内野　野生も大事だとは思うが、いま大事なのは「命」に対する考え方ですよ。戸塚ヨットスクールは何人か死んでる。あれは恐怖に耐えられずに自分から飛び込んじゃったんだよね。訓練の仕方に工夫が要った。それは反省点であろう。しかし、その訓練で正常になった何百人というスクールの卒業生の存在はどうする？　彼らを社会に還元していった実績は？　この事をどう評価するんだ？　ということなんだよね。結局ね、ヨットで外洋に出るでしょ。やらなきゃ死ぬんだよ。死ぬと思うと必死になってやってね、その時にゃあ、引きこもりだの鬱だのニートだの言ってられないんだよ。それでみんな正常化してるんだ。

――更生している人が多数いるという事実は戸塚先生の理論がある意味正しいという証明かもしれませんね。もうひとつ思うのは、現代社会において父性の欠如と言うんですか？　昔の戦前の親父なんて怖くて一言も口がきけないくらいの存在だったと。「地震、雷、火事、おやじ」って言うぐらいだったんですから。そういう父性の存在が消されてしまった。そこに子供に対する教育の質も変化してきて歪《ゆが》みが生じてるというのもあるんじゃないかと思いますね。

内野　今そういう時代なんだよ。女が図《ず》に乗って、男に頼らなくても飯が食えるような世の中になった。こういう状況の中で動物として人間の成長をどう擬似的に作っていくかというのが課題じゃないかな？

――先生、女が図に乗ってって（笑）。さっき先生は女性を手厚く保護してって言ってましたが、そうしたら女が図に乗るんじゃないですか？

内野　図に乗らせなきゃしょうがないでしょう？　究極に図に乗らせて女に目覚めさせるんだ。どっちが女の幸せか？

――女の幸せとは……。

▲85歳にして壮健な内野先生。新橋の道義の会事務所にて。

内野　「骨まで愛して、骨まで愛してほしいのよ～♪」（唄い始めた先生）。女だってね一人の男に寄り添ってね、子を産んで巣を作ってそれを守る。こういう本能に目覚めるまでね、頭に乗れと。これが俺の考えだね。

――いや～、勉強になります。相当器《うつわ》の大きな男にならないといけないということですか？

内野　いや、違うんだよ。器はでかくなくていいの。惚れさせればいいんだよ。女だってね、男にすがって生きていきたいっていう本能がある筈だ。それを目覚めさせる男であればいいんだよ！

――いや～、それは相当な男ですね（笑）。そんな男、今の日本にいるんですか？

内野　うん。それだけの男になりたかったら自分を鍛えろと。

――あー、私は女の本能を目覚めさせたことがない男かもしれません（笑）女に惚れ抜かれるような男になりたいですね！　鍛えようっと！

内野　人間動物論から出発すればいいんだ。社会をこんなにいびつにしてしまったんだから、究極に女を大事にして女王国を作ってだな～。アマゾネスの話があるじゃない。あれだよ。

――面白い展開になってきましたね。

武士というのは何で尊いの？

内野　それでね、今回「真武士道」と、あんた、すごい題をつけたね。俺の話は隅っこに載るのかもしれないけど、君が真の武士道の雑誌を作るんなら「これが本当の侍だ！」って見せてほしいよね。今いる？　本当の侍があいつだと！　言える奴がいる？

――………（沈黙）

内野『真武士道』と題つけるからにはね、モデルが有るはずでしょ？　あなたの思うモデルが。モデルもなしでつけたのかね？　俺はね、今回『真武士道』のインタビューに答える資格は俺自身にはないな～。どうしようっと思ってね………。しかし、そういう人、知ってはいるな～。そういう話でごまかすかな～と思ってたの。

――武士道という言葉は明治時代に新渡戸稲造先生が作って広めた言葉だと言われていてそれ以前は『武士道』という言葉はなくて、漠然とした「武士」の「道」というものが有って、歴史的な変遷も加われば、様々な武士道の解釈があるとは思うのですが、私としては、この『武士道』については日本人、特に武士によって生み出された一つの「生」と「死」の哲学だと思うんですね。それを今、現代に蘇らせて、日本人の生み出した人間存在の究極の哲学として真の武士道を新たに作っていかなければならないと…。

内野　だからね、理屈じゃなくて、とにかく本当の武士を作る。その本当の武士のモデルが有るか？　っていうところを聞いてるんだよ。

――現代人でなければならないですか？　昔の人とか………。

内野　そりゃ、現代において真の武士道を作るんだから現代の武士じゃないと困るでしょ。この飽食の時代にね、本当の武士はいないの？　真の武士はいないの？

――先生、おこがましいようですが、私です………。………私がそれです。というかそれになりたい。

内野　………うん、分かった（笑）。分かった分かった！　ＯＫ！（大笑）。

――俺を見ろよと（笑）。

内野　うん、分かった。「真武士は俺だ！」と！　この心意気だよ（笑）　ここにも独りキチガイがいてよかった！　惚れ込んだよ！

理屈じゃなくて、とにかく本当の武士を作る。その本当の武士のモデルが有るか？　内野

――いやー、まだまだですけどね。

内野　当たり前だよ。まだまだじゃなかったら神様じゃ～（笑）。ガキでいいんだよ！

　武士というのはね、なんで尊いの？武士というのは国家社会のために命を捨てて、皆さんのために命はいらないと！自分の動物的な欲望を超えて本当に値打ちのあることに対して、自分の命より大切だと。そのためにあらゆる困難にもめげずに、心も体も辛抱して努力をすると。簡単に死ねばいいというものじゃない。しかし究極は死んでもいいと。その価値のために自分を捧げ尽くすというのが武士道です。

　武士道の聖典が二冊あるね。『葉隠』と『武道初心集』。『葉隠』は責任のとり方、どうやって責任を取ろうかと思う時に腹を切る。腹を切って責任を取る。『武道初心集』の結びの言葉「明日ありと　思う心の仇桜　夜半に嵐の　吹かぬものかは…」今日やろうと思うことは明日じゃなくて、今日やろうと。それはきついんだよ。それでも自分の義務はちゃんと尽くせと。自分が国家社会のために必死でやってると。そうするとね「川保があんだけやってるんだから付き合うか」と。そういう人も出てくるよ。国家、社会、人民のためにね、どう役に立つか、その究極を求めたのは西郷だったろうと思うけどね。なかなかああいう人は出ない。俺はね、金美齢先生は侍だと思う。あの人は蔡英文が台湾の総統になった時、「これで私の仕事は終わりました」って。「一線から引きます」と。あの先生の活動は一歩間違えれば暗殺されてたかもしれない。その危険を犯して台湾の独立のために活動されていた。もう惚れ惚れとするよな～台湾のために命がけでやられた。あれは侍だ。

――先生、お会いしたことはあるんですか？

内野　講演を聞いたことがあるぐらいだけどね。ファンレターは出した。

――ファンレターですか！　なんて書いたんですか？

内野　うん。「先生は台湾のジャンヌ・ダルクです！」って書いた。そしたらね、返事が来たよ。

――え～、すごい！

内野　うん。「火炙りは嫌よ」って（一同爆笑）。これだよ！　これでなきゃね！惚れ直したよ！

米軍の戦闘機に機銃掃射された！

――先生は１９３６年、昭和11年生まれの85歳ということですけど、戦前生まれですよね。戦争体験のご記憶はありますか？

内野　小学校３年で終戦だから。戦地には行ってない。空襲は受けた。あなたの年なら見てないだろうな？『禁じられた遊び』っていう映画があるんだけど。

――あ、見ました。

内野　あ、見た？　あれを後々見てそうだよな〜っと思って共感を覚えた。あの映画で空襲のシーンがある。機銃掃射で両脇に伏せた両親が殺され、機銃の間の幼児が生き残る。あれを受けた。両脇の畑が砂煙をあげて生き残った。

――戦闘機に襲われたということですか。

内野　そう。怖いよ〜。終戦直前の話だよ。夏休みだったから、８月の前半ぐらいだろうな。川で雑魚エビを獲ってね、バケツに入れて畑の真ん中歩いてたら、いきなり米軍機がすぐそこに見えたの。

――戦闘機単独で？　その後、機銃掃射ですか？

内野　ワーッって来た。

――先生その時、独りですか？

内野　そうそう。

――怖いですねそれは。よく助かりましたね？

内野　あれは、翼の所から弾が出るんだよ。俺はちょうど真ん中にいてその両サイドに着弾していった。

――飛行機に付いてる機銃って口径がデカいから、当たったら身体バラバラになりますよ。

内野　そうそう。多分、向こうからすると、動くものは全部撃つということだったんだろうな。僕らね、その当時訓練を受けてたのよ。伏せたら耳をしっかり両手で押さえ、同時に目もつぶって手で押さえる。爆風で鼓膜が破れるのを防いで、目が飛び出さないようにするためだね。それから目標物のある場所に行ったらいかんと。その目標を目がけて撃たれるからと。でもね、やっぱり物に隠れたくなるわな〜。怖くて駄目だよ〜。人間の心理だよ。

――それは、確かに、どこかに隠れたくはなりますよね。

内野　でもその時畑の真ん中で何もないんだよ。隠れろって言ったって何もないんだから。それでそのままそこにしゃがんでた。そしたらまた来たよ。

――あ、Ｕターンしてまた機銃掃射しに来たんですか？

内野　うん、でもね、今度は何も撃たなかった。子供だって気づいたんかな。そのままウーッて行っちゃった。

――それはすごい体験ですね！

日本の国がどんな成り立ちで、どんな国かというのを99.9％ぐらいの人が知らない！　内野

まず一神教と多神教の違いを理解しないと

――今回のテーマとして、日本人には覚悟がないのではないか？　無責任、無気力、無関心。日本人は飼いならされて、二度と立ち上がれないようなことになっているのではないかという事があるんですが、我々は多少なりとも文献で戦前の文化というのは知識として知っているし、理解しているつもりですけれども、GHQによってその戦前の日本独特の文化が破壊されている部分が多分にあると思うんですね。戦後の文化的状況を鑑みるに、このままだと日本はアメリカの飼い犬、持ち物で終わるんじゃないかと。そういう懸念があるんです。今の十代とか、もしかしたらアメリカと日本が戦ってたことを知らない子がいるかも知れない。アメリカの占領政策は戦争の事自体を忘れろと。憲法もそういうふうに作られてるし。確かに世の中の人間で戦争をしたいという人はいないと思いますけど、この状態というのは何だろう。自立していないというか、属国？　これって独立国と言えるのかということで。

国っていうのが小国と大国に別れるとしたら、小国は大国の顔色をうかがいながら政治や外交をやらざるを得ないのかもしれないけど…。ただそこに、日本人としての矜持というか、誇りというか。そういうもの持ってる人いるんですか？　現代の日本には大義がない、ぶっ壊されているわけですよ。

私は仕事で海外行くことがよくあって、肌で感じるのは、馬鹿にしてるんですよね。舐めてるんですよ日本人を。殴っても文句言わないだろうと。今の国内でもそうですけど、とにかく舐められてる。タクシーの運転手に騙されたりとか、ひったくりに有ったりとか。昔だったら日本人怖くてそんな事できないわけですよ。今の日本人は完全に舐められてる。いいのかこの状態でって思います。我々の子孫とかどうなるんだろうと。国自体もどんどん弱くなっていくわけですよ。こんな弱体化してしまった国にしてしまったのは、今現在の大人、我々のせいじゃないですか？　先生はどう思われますか？　弱くなっていく日本を助けるには何をしたらいいか？

内野　その前に言いたいことはね、日本の国がどんな成り立ちで、どんな国かというのを99.9％ぐらいの人が知らない。千人に一人ぐらいしか知らない。川保さ

んね、天之御中主神《あめのみなかぬしのかみ》って知ってる？

——知らないです。古事記？

内野　そう。古事記の出だしに出てくるよ。話がここから始まらんといかんのよ。愛国の至情を持つ川保さえ知らない。天之御中主神（※）を知らないんだよ。

——それは学校で習ったかな～。

内野　学校で教わらないのは当然のことだよ。教えないんだ。

——戦前は教えてたんですか？

内野　そうそう。教えてたの。戦争が終わった後、日本を全否定どころか、封印して教えないんだよ。日本と他の国の根本的な違いがね、天之御中主神に始まる神世七代で、この七代の神すべてが獨神《ひとりがみ》（※）であって、皆御隠れになられているのだ。そこで、天地が拓ける頃のことを、我国は知ることがないのです。

▶中央大学柔道部出身の内野先生。

——日本の原点ということですかね？

内野　原点がそこにある。天照大神《あまてらすおおみかみ》はそのずっと後の話だよ。

　まず一神教と多神教の違いがある。一神教では神がいて、世界は神が作ってるんだよ。ユダヤ教、キリスト教、イスラム教みんな原点は聖書だから。

　一神教が世界中を覆い尽くしてるんだ。アフリカでもアジアでも多神教の宗教が有ったけどみんな潰されてなくなっちゃった。多神教というのは原始宗教と言って、高級宗教は一神教ということになっている。

　原始宗教というのは日本がそうであったように「あるがままの様子」から出発するわけよ。はじめに行動ありき。人々が色々なことを考えていくと、価値があるものと価値がないものが分かってくる。世の中に価値があり値打ちのあるものはゴマンとあるわけよ。そうすると値打ちのあるものがみんな神様になるわけだ。人間の役に立つものはみんな神様。「神」とは値打ちのあるもの。もちろんその中に「悪神」もある。それも含めて「多神教」になるわけだ。

　一神教は「世界は神が作ったもの」だから全く違う。一神教というのは最初に大脳で誰かが考えたんだよ。人間が考えたことを言葉にして人に押し付けてるわけ。はじめに言葉ありきだ。多神教はあじゃないか、こうじゃないかと色々言って「解らんことは解らん」と。そこから出発してるのなんだ。

——ものの考え方とか概念が全く変わってきますよね。

内野　全く違う。したがって古事記の始

（※）**天之御中主神**（あめのみなかぬしのかみ）は、日本神話の天地開闢において登場する神である。神名は天の真中を領する神を意味する。『古事記』では神々の中で最初に登場する神であり、別天津神にして造化三神の一柱。（※）**獨神**（ひとりがみ）とは、日本神話において夫婦の組としてでなく単独で成った神のこと。これに対して、男女一対の神を「双神」（ならびがみ）ということもある。

めに何と書いてあるかと「天地が開ける時にこの世に現れたのが天之御中主神。独り神であられたのでお隠れになってしまったからわからないと。天地ができた時のことは神がお隠れになったのでわかりませんと。解らんものは解らん」と言うことが基本になってる。頭デッカチじゃないんだ。

一神教は聖書が原点で、それは人間の言葉で書いてある。人間の言葉というのは人間の大脳が言葉を作って書いてるわけだから、最初から人間の大脳が命じている話である。旧約聖書には「ユダヤ人が全人類を支配する人種である」と書いてあるそうだが読んでないので分からない。もしそれがユダヤ教だとすればユダヤ人はどこへ行っても彼らが支配するんだ。そんな考え持ってたら、国が潰される人々は恐怖を持つ。そこで追われて国なし民族にされてしまって、祖国がないエトランジェ（フランス語で外国人、または見知らぬ人の意）で生きていかなければならない。自分たちの住む土地がない。だから生活の拠り所、民族団結の縁が宗教しかない。「国」で民族をまとめることができないから、「宗教の戒律」で纏まっておるのかなと思う。

イザヤ・ベンダサンこと山本七平の「日本人とユダヤ人」を読んだときの感動が忘れられない。

俺の愛国狂人の発想の元は価値相対主義

内野　ギリシャの民主制とよく言われるよね。なんで民主制になったか？　昔は「城塞国家」だったの。その城壁の中の都市国家は豊かなんだ。金銀財宝いっぱい詰まってる。その城塞都市の間で戦争が起こると負けた奴は武装解除だから、勝った奴は負けた方の男も女も奴隷にする。そういう状況だよ。ギリシャの民主制が理想だと言うけど、嘘言えと。なぜか？内政でも弱肉強食なんだよ。結局。多数決で決まったとおりにやらないと、戦に負けると都市全体が全財産取られて奴隷になるんだ。だから違うと思っても多数に従わざるを得ない。それが民主主義？こんなものは民主主義ではないだろ。動物の生存本能だけだろ。

我が国の最古の文献が『古事記』。十年から二十年遅れて『日本書紀』、その中の聖徳太子の十七条の憲法。これには多数決に従って決めろと書いてある。自分で勝手に決めるんじゃない。間違える恐れがある。論《あげつら》えと。論《あげつら》って諸々に従って、多数に従えと書いてる。奴隷になるのが嫌だから従うんじゃないんだよ。みんなで議論しなさいと。みんなが一番いいものに従いなさいと。日本で「お祭り」っていうでしょ。「お祭り」っていうのはお神輿担いでわっしょいわっしょい。皆で心を一つにすることが「祭り」なんだよ。政治は「祀《まつ》り」なんだよ。皆が心を一つにすることなんだよ。

　俺の愛国狂人の発想の元は価値相対主義だよ。色んな人の色々な考えがある。それを認める連合体が国家だと。その中で日本というのは国家自体が国家価値相対主義。解らんことは解らん。世界の国々の事情を勘案して決めなさいと。多神教だから。「色々な人の考えをそのまま認めて、論《あげつら》って皆がいいようにしようや」というのが神話からずーっと続いてきている。

――『五箇条の御誓文』とかでも「万機公論に決すべし」というのもありますね。しかし、実際に何かものを決めたり決断したりする時、強力なリーダーとか議長と言うんですか？　そういうのがいないとなかなか決まらないんじゃないですか？　いつまでもまとまらないというのもあるでしょう？

内野　稟議制ってあるでしょ？　議論を下から上げる。非常にいい制度なんだけど、制度が硬直化して、硬直化によって究極の問題に対して決められないと。だからこれを常にシャッフルする必要がある。「日本を洗濯申し上げる」って言ったのは、坂本龍馬だっけ？　たまにはそういう事をしなくちゃならない。目詰まり起こすからね。

　これは俺の仮説なんだけど、素晴らしいのは天皇制が日本の最初からあるん事なんだよ。日本の国を作った時から天皇がある。天皇というのは何かというと動物の群れの「群長《むれおさ》」だよ。象でも猿でも皆群れるでしょ？　群れを作って生活してるんだな。群れは助け合うんだ。そして外敵に襲われると群れで一番弱い動物を「人身御供」で外敵に差し上げて、後は群を「群長」が率いて逃げていくわけだ。そういう動物としての人間の原点を分かっていたのが日本人なんだよ。

　ヤクザの親分、清水の次郎長が「俺は子分のためには命をかけてるのに、俺のために命かける子分は独りもいない」って嘆いたっていう話がある。吉良の仁吉(※)が聞いたら怒るかもしれないけど(笑)。日本は天皇という群長を作った。それは「シャーマン」なんだよね。「シャーマン」とは「氣」を出す人のこと。

　あなたは武道系だから知ってるかもしれないけどね、武術家で宇城憲治先生と

動物としての人間の原点を分かっていたのが日本人なんだ　内野

（※）**吉良の仁吉**（きらのにきち）１８歳から３年間を次郎長の下で過ごした。次郎長と兄弟の盃まで交わす仲となった後、吉良に帰り吉良一家を興した。義理に厚く若くして義理に斃れた仁吉は後世、人情物の講談や浪花節（浪曲）、演劇や数々の映画、歌謡曲などの題材としてよく取り上げられる存在となった。

いう人がいる。彼は「氣」を出せるんだよね。研ぎ澄ますと人間「氣」が出るんだ。

半端な修行では「氣」は出ない。

俺のお婆ちゃんがね、ものすごい働き者でね。鹿児島の百姓なんだけど「経ちゃん、草が見えんごとなったから帰っど」って。暗くなると雑草と間違って作物を間違って抜くかもしれないからね。それぐらい周りが見えなくなる時間ギリギリまで働くんだよ。そういうお婆ちゃんがある日、まだ空が全然明るいのに帰ろうっていうんだよ。「ばあちゃん、どうしたんかの今日は。早仕舞いじゃな」って聞いた。そしたら「雨が降る、帰るど」って。傘なんかないんだよ。「濡れんように早く帰ろうや」って。シャーマンだよね。農作業極限までやっててね、風を感じてね、雨になるかどうかわかるんだよ。

――それで雨が降ってきたんですか?

内野　うん、それが雨がその後降ったのかどうなのか、覚えがないんだけどね。(笑)。お婆ちゃんがそうやって早仕舞いしたことだけがものすごく印象に残ってるよ。

俺はね、あんたが羨ましいってこの前言ったけどね。あのね、川保くんはね、自分を究極に鍛え抜こうとしてるわけよ。そうすると「氣」が出るよ。

――「氣」が……。

内野　半端な修行では「氣」は出ない。究極の修行。自分を絞って絞って絞り抜いてやっと出るんだ。武術家では宇城先生が出てると思う。俺は先生の講習受けて実体験している。

――日本の身体文化の中で「丹田」という概念がありますよね。「丹田」は身体の部所ではないと思うんですが、それはつまり「肚《はら》」っていうんですか?「肚」を決めるという身体文化自体がなくなってるきてるんじゃないですかね?

内野　天皇の祭祀があるでしょ?宮中祭祀があるでしょ?あれはね古神道の行法ですよ。

――それはかなり厳しい行法ですよね?

内野　「なんでそんな事するの?」というほどのものだよ。夜中12時過ぎても飯も食べずにね。宮中祭祀は不思議なことがいっぱいあるよ。だんだん祭祀が簡略化されつつあるけれども。

――天皇は古代からずっとそれをやっているということですよね?

内野　それをやったから「天皇」になったんだよ。古神道の行法を極めたから動物としての人間の群れの群長に立てたんだよ。群長は群れを保護する意識を持つから長なんだ。人徳がないと群長になれないわけよ。「氣」が出てるんだ。「氣」

について現代でそれを究極にやったのが出口王仁三郎だよ。

――大本教の……。

内野　そう。戦前の日本人。我々みたいな腑抜けとは違うわな。「出口王仁三郎が大したもんだというけどね、なんぼのものかい？」って新聞記者が「このインチキ野郎」って感じで会いに来るわけだよ。それで出口がね「ああ、そうか？何ならお前は俺を信用するか？」って聞いたら、その新聞記者が「じゃあ俺が今持ってる金がナンボか言え」って言ったんだけど、結局出口王仁三郎が小銭の数まで全部当てたんだ。記者はウンもスンも言わずに退散した。

――額を全部当てたんですか？え〜！

内野　全部当てたらしい。合気の植芝盛平も生長の家の谷口雅治も大本教の信者です。

――そういう集団に恐怖を感じたから明治政府が大弾圧を加えたんですか？

内野　そうです。

――元を正せば「氣」をコントロール出来るシャーマニズムの世界があって、それは近代国家からすると邪魔になると。我々日本人が元々持っていたその「氣」とかの身体文化が西洋文明によって破壊されてるということも考えられますね。

内野　「帝《みかど》」という言葉がある。「支配者としての王」を束ねるのが帝。その帝が天皇です。天の帝《みかど》、天然自然、動物的な天然の帝。人間の本性に従った存在。帝国で金儲けするためではなくて、群れのためにある帝が天皇だと。これは俺の考え。従って天之御中主神から古事記、日本書紀に至るまで勉強すると面白いんだけど、なんせね、古事記なんか読めやしないわな。難しくて。みんな万葉仮名じゃからな。

――ちょっと、挑戦してみようかな。

内野　俺は愛国狂人だから、日本のことを愛してるからね、日本の素晴らしさを語り始めると止まらない。キリがないけどね。日本人が日本人として誇りを持って日本のことを学んでもらいたい。

その誇りは日本人のメンタリティーと生活様式の中に伏流水のように流れてるわけよ。それを絶やしたらイカンと思うね。

自分を究極に鍛え抜くと「氣」が出るよ！　内野

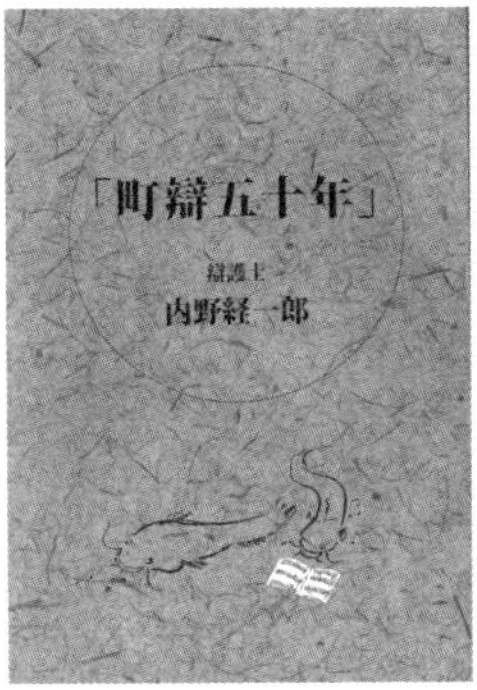

▲『町辯五十年』。内野先生の生い立ちや先生直筆の年賀状、暑中見舞いの文面がまとめられた書籍。

※このインタビューは大道塾 40 周年記念冊子用に 2019 年 11 月 26 日大道塾総本部にて収録された対談記事の完全版です。
東孝先生は 2021 年 4 月 3 日、胃癌により 71 歳の生涯を閉じられました。謹んでご冥福をお祈りしています。

時代に抗う益荒男《ますらお》よ出でよ！ 弱体化した日本と日本人にメッセージ！

8000メートル峰無酸素登頂で知られる日本を代表する登山家、小西浩文が実は元大道塾塾生だったということを知る人は少ない。独自のメソッドと思考により数々の挑戦を繰り広げてきたトップクライマーと大道塾と空道の創始者である東塾長が日本人と日本について徹底的に語り合った！

小西浩文（登山家）

こにし ひろふみ◎無酸素登山家。1962年、石川県に生まれる。15歳で登山をはじめ、1982年、20歳でチベットの8000メートル峰シシャパンマに無酸素登頂。1997年には日本人最多となる「8000メートル峰6座無酸素登頂」を記録。20代後半から30代前半にかけて、3度のガン手術を経験。ガン患者による8000メートル峰の無酸素登頂は、人類初となる。現在は、全国で講演活動や、経営者、ビジネスマン、アスリートを対象にした総合的なコーチングを行なっている。

×

東孝（武道家）

恐怖の克服、本当の強さとはなにか？日本人に今足りないもの！極限を知る者同士の対談！

◎司会／川保天骨

あずま たかし◎1949年５月22日生まれ、宮城県出身。高校時代に柔道習得。卒業後、陸上自衛隊入隊を経て、早稲田大学第二文学部へ入学したのち、1971年に極真会館へ入門、直接打撃制の空手選手権へ邁進していく。1977年、第９回全日本大会にて念願の初優勝を飾る。強靱な肉体から繰り出す強力なローキックを武器として”人間機関車”の異名を取る。1979年を期に現役選手から退き1981年、極真における直接打撃制KOルールに、防具着用による顔面パンチ、投げ、金的蹴り、頭突きなどの禁じ技を解禁した新しいルール「格闘空手（のちの空道）」を提唱する「空手道大道塾」を設立する。大会を重ねるごとにルールを整備、現在は一部寝技をも包含した独自の武道「空道」として、社会体育を旨とする新武道を完成させた。

ハラハラドキドキが好きなんだー？（笑東）

川保　今日はよろしくおねがいします。小西先生は大道塾の総本部が練馬の平和台にあった時に入門されたと聞きました。その当時は空手団体もたくさんあったと思いますが、何で大道塾を選んで入門されたんですか？

小西　ひとつには…、天骨さんと似てるんだけど、長田賢一さんがムエタイに出たりして、格闘空手っていう鮮烈なフレーズに惹かれたというか、何か新しい流れを感じたんだと思うんですね。格闘技雑誌や空手雑誌では大道塾、怒涛の勢いでしたもんね！　もうひとつは元々は私、少林寺流という鹿児島の方の防具付きの空手を子供の頃かじったことがあって。格闘技、武道はその後は縁がなかったんですが、当時の友人に野口健（89年軽重量級王者　元本部寮生）君がいて、その影響もありますね。野口君は私の弟分だったんですよ。彼は東海大学の少林寺拳法部だったんですが、ある切っ掛けで仲良くなって、一緒にスパーリングのマネごととかをやってたんですね。彼は大学卒業して大道塾総本部の寮生になるということで、彼がやるんなら自分もやろうかなという感じで…。

川保　その時は登山家なんですか？

小西　はい。もうその時はほぼプロの登山家でしたね。

東　登山は何から始まったの？

小西　私は兵庫県の宝塚出身なんですが、六甲山があるんです。ある日自転車で六甲山に遊びがてら行ったらですね、岸壁があって、そこでロッククライミングしている人を見たんです。その人は高さ40メートルぐらいの垂直な岸壁を登ってるんですけど、率直に「これは凄い」と思いました。上からロープが垂れ下がってるわけじゃなくて、その人がロープを引きずりながら登ってるんです。岸壁の途中には支点がありますから、落ちてもなんとか10メートルぐらいで止まるんですけど、支点自体が抜けたらもう終わりですよね。とにかく手がかりも足がかりもない岸壁をそのクライマーが悠々と登ってる。これに凄くショックを受けたんですね。その頃小学生ですけど、今の自分があんな事やったら小便ちびって死んじゃうと（笑）。それに比べて目の前のクライマーは凄い精神力ですよね。子供心にその時、あれぐらいのことが出来る精神力が自分にも欲しいなと思ったんです。それから高校に入ってから山岳部に入って冬の北アルプスとかに登るようになってました。卒業後は色々なご縁が会ってチベットの８０００メートル

怖さを乗り越えなくては強くなれないというのがある（小西）

級の山に挑戦する登山隊に入れてもらったりとか。20歳の時に８０００メートル峰無酸素登頂というのに成功したんです。登山家としては恵まれた良いスタートを切らせていただいたと思っています。

東　ハラハラドキドキが好きなんだー（笑）。

小西　はい。怖いからやってるんですね。生きるか死ぬかだからやるんであって、それがなかったら私はこういう事しないと思うんです。

東　怖さっていう話になると格闘技とかは下手したら倒されて血ヘドはいたりするけど、辛い稽古することによって強くなるじゃない。そういう「実利」があるわけさ。言っちゃ悪いけどさ、なんで山なんか登るんだろうって俺は思うよ。遭難とかしたら人に迷惑かけたりさぁ、死んだりもするしさ。でも昔の人が洒落たこと言うじゃない、「そこに山があるからだ」とか。つまり、そういう死ぬか生きるかのハラハラドキドキを求めて山に登るってわけなんだね。

小西　それは……、大道塾入る人もですね。怪我したり骨折する可能性もあるわけですよね、ある意味怖さがある。でもその怖さを乗り越えなくては強くなれないというのがある。私にとっての山は乗り越えなくてはならない恐怖であって、それを乗り越えない限り、強靭な精神が得られないと思うんですね。

東　でもさ、大道塾は初期の頃ね、マスコミが色々と囃し立てるんだよ。「顔面パンチ、投げる絞める極める何でもありの最強格闘技！」なんて言ってさ、強さだけを強調するわけ。だから初期のころは怖くて入れないという人間も多かったと思うよ。俺からするとそれは違う。たしかに俺は最高のもの、最強のものを弟子には教えるけど、安全性を抜きにしては駄目だという思いがあったわけ。せっかく強くなって試合に出て怪我して一生障害を負ってます。なんていうことになれば、一体何のために強くなろうとするか解らないじゃない。でもマスコミ的にはそういう危険性を誇示するような報道をしたほうが売れるんだろ。

小西　それはそうですね～。

東　ところが、その頃の血気盛んな若い連中は安全だからやるっていう雰囲気じゃなかったけどね（笑）。普通の奴は安全だからやるっていう発想もあるんだろうけど、人に抜きん出て強くなろうとしていている奴はハラハラドキドキで、怪我するか強くなるかという方に惹かれるんだろうな。

小西　本当に強くなろうとする奴は喧嘩に近い、超実戦的なとか、そういうものに惹かれるんですよね。

東　う〜ん、俺はそういう奴らとは違うんだよな〜。まず喧嘩っていうのに負けたことないから、そういう場になって怖いとかいう考え自体がないんだよ。最後まで立ってるのが俺だっていう自信というかなんというか、そういうものがあるわけさ。怪我してもいいから強くなりたいとか、そういう発想はなかった。

小西　我々の山の世界にも生まれつき怖いもの知らずの人っていうのが居るんですよね。もともと度胸があるのか、恐怖を感じる神経がない人間が居るんですよ。ただ、山ではそういう人は長生きは出来なかったですね。

東　だろうね…。でも俺はある意味臆病だよ。幽霊怖いし、高所恐怖症だし（笑）。ただ、喧嘩に関しては恐怖を一切覚えないね。

小西　そういう意味では東先生はすごく特別な人間だなって思いますよ。空手に来る人間ってそもそもそうじゃないと思うんですが。ある意味臆病で怖がりな人じゃないですかね。

東　大体そうだ

▲数々の無酸素登頂に成功した小西先生！

日本人は自分達で自分の国や家族を守ろうという気がないんじゃないかな？小西

ね。そういうコンプレックスを抱えてる人間は負けたくないという一念で一生懸命努力して、己の弱さから脱却しようとするわな。最初から強い人はやらないよね。

俺が空手の世界に入ったのは、自衛隊の時、ボクサーと決闘して顔面殴られたからだね。もちろんそんなパンチ効いてないよ。でも顔が腫れて見た目俺が負けてるみたいでさ（笑）。柔道だけじゃダメだ、「飛び道具が必要だなって。その頃突き蹴りの事「飛び道具」って言ってたよ（笑）。「知らない技はたしかに怖いな」という理由から俺は始めたから、動機は他の人と違うな（笑）。でも大道塾を始めたのは、単に強さのみを追求するためじゃなくて、社会に出て、己に自信を持って生きていける、例えば強い相手に対峙したり、不利な状況に陥った時でも、それに打ち勝っていける強さを持った人間を作りたいというのがあるんだよ。また、自分の心の中に起こってくる怒りの感情やバイオレンスな心情をいかにコントロールして平静でいられるかという武道本来の素晴らしさに気付いてもらいたいんだ。それは道場訓にも反映してるけど、「最終的には社会に寄与貢献すること」に大道塾の本分があると思うよ。単に強くなれって言うことしか教えてないとしたら、やっぱりどこかで歪んで来る気がするな……。

小西　東先生はある意味、すごく常識人ですよね。

東　うん、そうだよ。何で俺こんなに常識人なんだろうね（笑）。俺は子供の頃、親の言うことや先生の言うことに反抗的な「やんちゃ坊主」で、あのままいってたら大変な事になってたと思うけど、高校時代に柔道に出会って俺自身が変わったんだ。最初は根拠もないのに俺は強いんだって思ってたから練習なんていうのも舐めてかかってたんだけど、ある日、自分より身体の小さい人間に勝てなかった事があってね。そこで気付いたんだな。ハッタリじゃダメなんだ、謙虚に学ばないとダメなんだと。身に沁《し》みて覚えたんだろうね。武道というのはそういう意味でダイレクトに精神に影響を及ぼす最高の教育法のひとつだと思うよ。

小西　これからの時代、大道塾・空道も武道としての意義がどんどん高まってきてると思うんですね。これからそういう意味で人間の教育現場においては、なくてはならない必須の存在になると思います。これからの日本を背負っていく若者に必要ですね。武道教育は。

東　俺もそう思うよ。武道は日本の生み出した、「肉体的な強さの追求だけじゃなく人間としても尊敬される人間たれ！」と教える最高の教育法だ。特に男なら世界で最も憧れてる文化だと思う。

川保　登山に関しては技術レベルや機材、情報の量や知識の蓄積なんかで、言ってみればテクノロジーの塊が登ってんじゃないかなぐらいの感じじゃないですか現代的登山は。昔の登山に比べたら難易度が明らかに下がってると思うんですね。そんな時代に小西先生はあえて肉体的な極限状態に注目してテクノロジーを無視するかのような無酸素登頂を選ばれている。自分の身体のみで登るという選択肢。ここは凄いと思います。武道や格闘技に関しても、試合競技という枠組みが完成してからは、いかに試合で勝つかという部分において、登山と同じように情報や知識の蓄積、練習方法の効率化などが進んでしまっている。そうすると皆似たようなスタイルになっていってるんですね。勝つために効率化された戦いが求められるわけですから。人間の行う物事っていうのは、だいたいがこの流れになりますよね。時間の経過と供に洗練されてきて、画一的なものになっていく。ここに私などは何か違和感を覚えるんですよ。何かが失われていくような感覚。何か形だけがあって、とにかくその枠の中に入る事が重要で、心身についての本来、人間が持っていた根源的力が出てないんじゃないだろうかと。テクノロジーに「おんぶに抱っこ」で人間自体が弱くなっているんじゃないかと。そう思うんですが。

東　そうだと思うよ。

完全に骨抜きにされたんだよ。東

▲小西先生が元大道塾生であることはあまり知られていない。

小西　日本が平和ボケしてるんだと思うんですよ。70数年前にアメリカに戦争で負けてからいろいろな制約ができてきて、『戦争をしない国』と聞こえは良いですけどね。もし日本が他国から攻撃された時にアメリカの軍隊が本当に助けてくれるのか？　その時日本人は戦争放棄ですから他人事みたいな感じになってるんじゃないか？　アメリカが日本を守ってくれてるんだというのが日本人に染み付いちゃってるから、自分達で自分の国や家族を守ろうという気がないんじゃないかなと。そう思うんですが。

東　完全に骨抜きにされたんだよ。

川保　でも少なくとも東先生は武道教育によって少しでも若者を変えていこうという気持ちはありますよね。小西先生も様々な講演やセミナーによって人々に対して啓蒙活動されていますし。

小西　でも私は、東先生、お先真っ暗だと思ってるんですよ。

東　だと思う。

小西　真っ暗にしか見えないんですよね。このままだと、いろいろな意味で人間も弱くなってるし、人口も減ってきてる。生物学的にも男性は精子を作らなくなってきちゃってると。国が崩壊しつつありますよね。今、日本において、一番の価値優先順位はどんだけ金持ってるかですよ。年収の多さで人間の評価が決まってしまってる。人格も全て年収で評価される。これははっきり言って亡国ですよ。

東　平和っていうのはもちろん大切なことだし、皆が平和に生きて無事に一生を終えるというのは良いことなんだけれども、平和を守るためにはどこかで戦わなくてはならないんだよ。しかし戦後において戦わないできたのが日本なんだ。アメリカが守ってくれるから、俺達は牙を抜いて、爪を剥がして長いものに巻かれてれば良いんだと。その間に金稼いだ奴が一番利口なんだという価値観。でもそれは「アメリカが守ってくれるんだぞ」っていう幻想の元で生きてるだけで、実際アメリカが日本を守るかどうかなんてわかんないよ。アメリカの若い奴だってどんどん利己的になってるんだから、「何で人の国のために死ななければならないんだ？」ってなるわな。その時日本はどうするんだってなった時はもう遅いんだよ。おそらく皆逃げるよ。大半は逃げるんじゃないか？　もし立ち向かって行くったってなんの術もないわけじゃないか。だからそれはお先真っ暗という意味では本当にそうじゃないかな。

川保　かける大義もないですしね。

小西　命をかける大義ね

川保　闘う大義もないのに自衛隊だって国は護れませんよ。あえてそういうものをなくさせて骨抜きにされて、結局は個人主義に行かざるを得ないんじゃないでしょうか？
東　うん、大義って言うとさ、戦前のお上から与えられた「人のため、国のために命を捨てるんだ」っていう教えだろ。でも俺は大義の本質は自分の家族を守るということだと思うんだ。家族を守るということから発生して、そこから、街を守る、国を守るということになるんだと思う。それが本物だと思うよ。基本は家族なんだよ。自分のことばかり考える教育やってたら、そんな意識はなくなる。さっきも言ったけど、平和っていうのは戦いの後の話だ。自分が闘う力があるから平和が保たれるんだ。強い奴が人を守れるんであって、弱い奴は守れないんだよな。優しさなんて強さの副産物だよ。優しくても守れないじゃないか結局。「戦争反対」とか「人命第一」とかのお題目を並べるのは良いよ。それはそれで理想としてそれは人類の目標としては正しいと思う。でもそれは己に降りかかる危機に立ち向かって、己や己の周り、国を守ってから言うことじゃないか？　戦争に負けて占領された民族がどれほど悲惨な目に遭うのか考えないんだろうな、最近の人は。

俺がこういう武道の世界に惹かれたのもそこにある。小学生の時に番長にボコボコにされて、どうあがいても自分に力がない場合、実際に負けるんだと。いくら頭が良くて、金持ってたって、メチャクチャな暴力には負けちゃうんだ。俺が強くなりたいと思う最初の動機はそこだったよな。力がないと結局は人の言いなりになるんだ。

ちょうど俺が物心ついた頃だったけど、三島由紀夫が言ってたんだよ。要するに、日本人はいくら口で立派なこと言っても外人が向かってきたらどうにもできないんだって。三島由紀夫はそういうコンプレックスがあったんだと思う。「でも日本刀見せたら違うんだ」って。結局彼は日本刀に行ったんだよ。「やり返すだけの覚悟があるんだ」という部分なんだと思う。それで初めて話聞いてくれるんだ。三島由紀夫はそういう意味で現実主義者じゃないかな。とにかく強くなくては守れないんだ何もかも。強さっていうのは肉体的なものだけじゃなく、精神的なもの、覚悟も含めて。

もちろん、国を守りたいという気持ちの中には家族や仲間、地域を守るというもの以外にも日本の美しさ、伝統や文化を守りたいという気持ちも芽生えるのは当たり前だと思うし。でも、その基本はやはり家族だと思うよな。
川保　江戸時代なんて二百六十年以上続いた平和な時代を超えて、幕末、明治維

江戸時代から明治初期の頃までの人間と現代人の決定的な違いがあるんです　小西

新になった時、武士たちが立ち上がったじゃないですか？　あの武士の気力や覚悟、つまりそこに武士の道という哲学があったからこそ二百六十年の間いつでも他者、お国のために死ねるという武士の気風を養っていた文化があったんじゃないかなと思うんですね。平和な中にも、ある意味覚悟を醸成していく教育があった。私は今、東先生や小西先生が行われている活動は武道や登山を通じて人間の覚悟を養う教育活動なんじゃないかなと思うんですね。少なくとも、いざという時に、昔の武士のように立ち上がれる人間を育てているんじゃないかなと思います。

東　こういう武道とかやってる奴は立ち上がると思うよ。少なくとも他のスポーツや習い事とかよりは多いんじゃないかな？　そもそも自分を守ることからこういう武道は始まってるんだから。それを拡張していくと最後は国になるのは流れだしね。もちろん全員が全員そうではないと思うが……。幕末、明治維新の時に武士が活躍できたのは「建前」にしろ「何かあったら腹を切る」という責任感があったからじゃないか。「ノーブレス・オブリージュ(※)」っていうじゃないか。それだけの貴族の義務、責任を負ってこそ上に立てるわけだから。そういう武士の覚悟や気概の元になっているものは、戦国時代を経て江戸時代に培われたものだろうね。統治する者としての責任だよな。そういうのがあったからこそ、あの時、国難を乗り越えれたんじゃないの？

▲空道の世界大会。世界に広まる日本の武道の勢いは止まらない！

※ノーブレス・オブリージュ　日本語で「位高ければ徳高きを要す」を意味し、一般的に財産、権力、社会的地位の保持には義務が伴うことを指す。

下手したら植民地にされていたかもしれないんだから。今の日本人にそんな幕末の武士の気概があるかって言ったら、ないわな~。「逃げましょう」だろうな。

川保　命第一主義ですから。もちろん命大事ですけど。

東　今殆どの日本人がそういう気概は持たないよ。元々日本人というのは闘争を好む民族じゃないんだよな。米作が基本だから皆で仲良くしましょうっていう農耕民族。狩猟民族みたいに生き物殺してっていう民族じゃない。何もないとそのままのんびりした感じになってしまうんだろうね。温厚で平和を愛する民族だよな。だからこそ逆に闘うというのは特別なことなんだよ日本人にとって。武道というのはそういう土壌で日本人の民族性の中から生まれてきたんだと思う。元々はおとなしくて温厚なんだよ。

日本人っていうのは技が好きなんだよな~根本的に（笑）　東

川保　でも国自体今、おとなし過ぎというか、おしとやかと言うか、周りの国がみんな獰猛な感じでそいつらに言われっぱなし、噛まれっぱなしじゃないですか？　大丈夫なんですかね？　アメリカの手下になって、中国韓国には頭下げっぱなし、ロシアは恐ロシアでしょ？　国自体の威厳なんかどこにもないじゃないですか？

まず体力あることが基本でしょ！

川保　小西先生が、幕末、なぜあれほど武士が活躍ができたのかっていう話の中で、昔の人の特徴をよく話されるじゃないですか。

小西　はいはい。江戸時代から明治初期の頃までの人間と現代人の決定的な違いがあるんですが、東先生はご存知ですか？

東　え？　違い？　体格とか？

小西　はい、体格もそうですが、死に対する考え方が違うとか覚悟の違いとかおっしゃられる方が多いんですが、実は肉体的な面での決定的違いがあるんですよ。

東　肉体的に？　何になるの？

小西　例えば、坂本龍馬なり、高杉晋作のですね、一生の歩行量が現代人と比較して断然違うんですよ。一生涯に一人の人間がどれぐらい歩くかの差が現代人と昔の人を比べた場合、決定的ですね。お金持ちや殿様やなんかは馬に乗ったり駕籠に乗ったり船に乗ったりするんですけ

今、子供は痛い目にも怖い目にも遭わずに大人になっていくんです　小西

ど、昔の人は基本が歩きなんです。おまけに道も今みたいな舗装道路じゃないですから山超えるのも大変ですよ。このような環境での足腰の練り込みの上に剣術をやったりするわけですから意味が違うんです。「肚《はら》」が完全に出来ている。そのあたりがやはり、度胸なり精神力の強さに現れていたんじゃないかと思うんですね。

東　いざとなったら、下っ腹だからね。下半身が強い奴っていうのは丹田がしっかりしている。今でいうと何だ?インナーマッスル?　体幹っていうやつか?

川保　体力、特に足腰の土台が前提になって武術や武道があるというのが基本で、その下半身は丹田に結びついていて、度胸や覚悟の質にも現れるという。現代人の体力はどうなんですかね?

東　体力ないくせに技ばっかり習いたがるんだよな。日本人っていうのは技が好きなんだよな~根本的に。日本人って器用なんだと思う。今日たまたまテレビ見てたら、ミシュランの三つ星が一番多いのは日本なんだってな。これは日本人の探究心とか工夫の心が相まってそういう事になってると思うんだ。剣道だって柔道だってそうだよな。それは良いことなんだけど。ただこれも日本国内でやってる分はいいけど、世界に出た時にパワー全然違うんだから。技なんか消し飛ぶ事がほとんどじゃないかな。

川保　小学生、中学生は体格が良くなってるけど基礎体力がどんどん落ちてるという統計見たことあります。

東　日本人がそういう技術とか技が好きな民族で、武道もその傾向があるんだよな。技が何百とあったり、柔術なんかもそうで、その技術を教えるということが指導の根本になってるわけ。毎月五つか六つ技術教えないと、あそこはあんまり新しい事教えてくれないとかになっちゃう。技術好きが悪い方に出てるんだと思うよな。

川保　そういう意味では、小西先生の登山はテクノロジーを一切排除して、生身で登るというアプローチはその方向性とは逆ですね。ある意味精神的な部分が多い気がします。もちろんその登山における技術や知識はあるにしても、先生は毎日懸垂やスクワットなどの基礎的な体力養成は欠かさないと聞いてます。武道家も格闘家も、本来その戦いの本質みたいな部分に向き合うべきで、小手先の技術なんかにこだわっているようだと単なる

習い事にしかならないような気がしますね。まあ習い事の気持ちでやってる人もいるとは思いますし、動機や目的は多様化しているとは思いますが、武道本来の目的は何かということですよね。

東　今武道とかを全面に出すと嫌われるんだよな（笑）。格闘技を教えて下さいってなってるんだよ。若いのは格闘技やりたいんだ。武道じゃないんだ。なぜかと言うと「上下関係がうるさい」とか「礼儀が面倒くさい」とか。そんな事より「相手を倒す技だけ教えてくれ」ってなるんだよな。本当にそこまで来てるんだ、現在の状況は。「武道は古臭い」「格闘技は格好いい」。若者の意識はだいたいそういう感じなんじゃないか？

川保　先生が昔「格闘空手」って打ち出しましたからね。あの頃は格闘技ブームでしたね。確かに今、武道と格闘技の違いってあんまり考える事ないかもしれませんね。でも今はどちらかというと『武術ブーム』じゃないですか？

東　う〜ん。武術ブームって……、いわゆる………、形骸武術だろ。

川保　また、そんな書けないようなこと言いいますね、先生（笑）。

▲登山家と武道家はいずれも極限の世界を知る者。

日本が弱体化した事実を知ると知らないでは毎日の生き方に差が出てくるだろうよ　東

東　この前も誰かと話してたけど、俺は子供の教育はまず体を動かすところから始めなくてはならないと思う。別に武道でなくてもいい、球技でもいいし、水泳でもいいし体を動かすことを小さい頃からやらせるべきだと思うよ。

小西　東先生、私は何かしらひとつは武道やってるほうが良いと思うんですよね。
東　出来たらね。
小西　スポーツ以外でなにかひとつ武道やってることは、その人の人生において財産になると思うんですよね
東　俺が言うと宣伝みたいになっちゃうから（笑）。でも本当に子供に身体動かす楽しさ、汗を流す楽しさを体感してもらいたい。人と協力したり、ライバルと競ったり、そういう楽しさを知ってもらいたい。ところが今時代が逆行してるじゃない。eスポーツ？　ええ～。何であれがスポーツなんだ？　ゲームじゃないか（笑）。神経やられると思うよ。
川保　ギャラが高騰してるらしいですよ。プレイヤーの（笑）。
東　今の現代的な流れと合致してるんだよ。身体動かさないで効率的に活動してお金稼ぐという。色々あるだろ？　仮想通貨だのなんだの。あれと同じ感覚じゃないかな。仮想空間なんだよあくまでも。だって体を動かして過酷な戦いをするのと、身体動かさないで過酷な戦いするなんて完全に神経やられると思うよ。
小西　そういう風潮があって、暴力の怖さがわからない、恐怖自体をリアルに体験したことのない人たちが仮想空間でそういう事してるわけですから、病んでる世界が今後さらに広まるんじゃないかと思うんですね。
川保　同じぐらいの年齢でも、外国人から見ると日本人ってすごく幼く見えるみたいですね。まだ温室から出てない感じなんでしょうね、精神的にも。日本人って。
東　誰とも接しなくても生きていける世の中になったからな。インターネットあるし、コンビニあるしゲームあるし。引きこもりだらけになるよな。友達と喧嘩もしたことない、親は優しい、学校の先生は優しい、皆優しいんだよな。
川保　考えてみると、戦前の真逆じゃないですか？　昔のオヤジは恐ろしかった。「地震雷火事親父」って天災と同列になってる言葉もありますからね（笑）。
小西　そうですね、完全に今は真逆。先生は生徒の顔色を伺わなくてはならないし、親は張り倒す訳にも行かない。子供は痛い目にも怖い目にも遭わずに大人になっていく。怖い大人がいないんですよ今。体罰も禁止。ルールを厳格に教える機能がもう日本にはないんですよ。あるのは消費者意識。権利の主張。
川保　日本人全員お客さん的な感じですね。
東　そう。お客さん。道場で掃除させるのがおかしいっていう人もいるわけよ。誰とは言わないが。

小西　え〜、そうですか？

東　掃除は生徒にやらせたら駄目ですって。馬鹿野郎、掃除も稽古の一つだ、修行なんだよって。

川保　大山倍達総裁が聞いたら、「そんな道場閉めてしまえ！」ってなりますよ！（笑）。

東　サービス業って言う発想だから。清掃会社入れてるって（笑）。

小西　当然なんですけど、掃除も稽古ですよね。それを「生徒はお客さんだから掃除させたら来なくなっちゃう」ってなったら、それもう武道じゃないですよね。フィットネスクラブですよね。

東　「フィットネスクラブとどう違うんですか？　同じ技術を教えるのは同じじゃないですか？」って。違うだろって思うんだけど。こう言ったら身も蓋もないんだけど「ＷＧＩＰ（ウォー・ギルド・インフォメーション・プログラム）」っ

▲大道塾総本部で稽古中の塾生たちと記念撮影。若い息吹を感じますね！

てあるじゃない。「日本が戦争した事自体が悪いんだ」って進駐軍が刷り込みして日本人をコントロールする計画。あれが完全に成功してるよな。とにかく日本を弱体化させるため、日本人の根性、魂を骨抜きにするんだっていうプログラム。この事をもっと今の人に知らしめたほうが良いと思うよ。俺たちは「ＷＧＩＰ」でコントロールされてるんだって。「日本人は戦後骨抜きにされたんだぞって」。その事実を知ると知らないでは毎日の生き方に差が出てくるだろうよ。

小西　それにしても武道の世界でもそうなってると思うと、本当にショックです。

東　優しさが『善』となってるからな。今の世の中。過剰な優しさなんだよ。俺は武道をやる意味は単に強くなることだけじゃないんだと言ってるの。強いものが優しさを持てるとか、バイオレンスをコントロールする意味もあるんだと。ただそれが裏目に出ると過剰な優しさになるんじゃないか？　自分が苦しい思いしてきたから生徒には優しくするんだっていう面が前面に出たらそうなるのかもしれない。むしろ、俺がやってきた道なんだから、生徒もその道を歩ませて鍛えていく。自分で歩いた道だから限界も分かるじゃない。それが先生だと思うよ。でも時代がその真逆の事を求めてるんだろうな。

小西　その時代の求めは、私はどう考えてもわからないですね（笑）。

川保　他の道場が皆そうだとなると、生徒が減る事を恐れて経営者としては、その流れに乗るというのも考えられますね。でも武道をやってるという前提を抜きにしないとならなくなる。いま、都市部では武道や格闘技のジムも多く、24時間営業のジムとかあるので、顧客の奪い合いで過当競争じゃないですか。いかに他社よりも優れたサービスを提供するかという所になってきてますよね。まあ、私なら生徒に「掃除しろ！」って強制的にやらせるのではなく、先生自身が黙々と掃除してその後姿を見せて教えるというのが良いと思うのですがどうですか？

東　いや～、それ見て今の子は「あ、先生がやってるから俺はやらなくていいんだな」って思ってやらないんじゃないか？（一同爆笑）。

小西　でも稽古って言うのは「古（いにしえ）に習う、従う」ってことですよね。道場に来て正座して挨拶しなければならない、終わったら掃除をしなければならない。それをやらないとなると稽古じゃないですよね。右向け右って言われたら右向くしかない。これが稽古ですよ。ある意味形から入るということですよ。強制的にやらすことも稽古なんですよ。それが出来ないとなると、フィットネスクラブと同じじゃないですか。道場ではない。
東　トイレ掃除でも大会社の社長が朝一番に出社してトイレ掃除やり続けてるっていうのもあるじゃない。トイレ掃除はトイレをきれいにする以上の何か意味があるわけだよ。日常ではあまり考えないかもしれないよね、そういう事は。掃除に何か得るものがあるという心境にまで到達できる場を提供するのが道場としての技術であり、メリットなんだよ。掃除はサービスの提供ではないんだ。最近は褒めて伸ばせ的な教育論と、それでは駄目だって教育論両方あるけど、極端なんだよね。褒めることも大事だし叱ることも大事。俺はそう考えるよ。どちらにしろ、俺達は国を良くしていきたいという時に何が出来るかと言うと、各々の現場で真剣にやっていくしかないんだ。
小西　私もそう思います。今、日本を含め世界は大変な時代じゃないですか。幕末にあれ程の人たちが出て活躍したのは時代の要請だと思うんですよ。この大変な世の中でお先真っ暗な時代でも、そういう時代だからこそ排出される人物というのがいるんですよ。時代が必要とする時には必ずそういう人物が出てくる。私はそう信じてます。
東　まあ、黒船の時代はまだ穏やかだったのよ。黒船来たって一気に日本を征服できる力があの頃の西洋にはなかったわけよ。だからもし相手の勢いに押されて自分が不利な状況や敗けそうになっても強くなろうっていう事を思う間があったんだよ昔は。今は違うだろ？　明日にでも一気に攻め滅ぼされるかもしれないんだよ。そういう時代なんだ。この危機を皆分かってない。「茹でガエル（※）」ってあったじゃない。まさにその通りだよ。俺たちはもっと啓蒙していくしかないんだ。
小西　はい。東先生、今日は大変勉強になりました。ありがとうございました。

▲対談終了後、近所の居酒屋で会食。小西先生は一日一食だそうです。

（※）茹でガエル（茹でガエルの法則）＝カエルを熱湯に入れると飛び出して逃げるが、水からゆっくり火にかけると温度変化に気づかず死んでしまうという理論。

山梨に宿る武士（もののふ）の魂！究極の武道・武士道教育とは何か？

山梨・甲府に武士（もののふ）あり！どこまでも純粋に日本の精神を空手で追及する宮川博人先生。海外においてむしろ武士は尊敬されることを先生は実証した。グローバルな意味での武士道を実践されている先生にその活動と日本人の本質たる武道・武士道精神についてお聞きした。

新実戦空手道 宮川道場館長

宮川博人

みやがわ　ひろひと◎1949年7月5日生まれ。

日本の空手家・農業者（わさび）。世界新実戦空手道連盟宮川道場館長。

高校から空手を学ぶ。伝統派出身。自宅裏に8畳程度の「宮川道場」を開き、空手指導を行う。実戦空手道場八段の達人である。空手以外にキックボクシングも習得し実践する。

山梨県に5つ道場がある。イランやアフガニスタン、パキスタンの発展途上国など、世界に13カ国に宮川道場の支部がある。新実戦空手道の国際大会を開催しており、各大会で教え子選手は大会結果を現している。日本をはじめ世界にいるのであるが、特にイランには弟子が多く、1万人超いると言う。ラフサンジャニ元イラン大統領は空手普及の功績をたたえ、謝意を示した。あわせて世界には弟子が3万人以上いる。

2017年7月31日午後5時ごろ、わさび田農作業中に異様な違和感を覚えて振り返ると、熊が仁王立ちになっていた。熊の振り下ろした前足を十字受けで受け止め、熊の腹に左前蹴りをし、連続で左右正拳突き。とどめの一撃として膝蹴りを食らわせると瞬時に熊は弱り、打撃により一回転した後、逃げて撃退する。「日頃の稽古のたまもの」だと言う。

収録日時◎2021年11月21日 山梨県　宮川道場において　聞き手　川保天骨

青春を空手で貫き通した！

川保　先生とは空手団体の士道館のパーティーで以前お会いして、それから何度か大会などで顔を合わせたりして顔見知りの仲ですよね。私が印象に残ってるのは、士道館のパーティーで先生が壇上で挨拶されてたんですね。私はその時までてっきり先生は士道館の方だと思ってたんですが司会者が「士道館から以前独立した宮川道場道場主」と先生を紹介されていてびっくりしたんですよ。こういう武道の業界だと、独立ってあんまり歓迎されないと言うか、母体になってる団体とは独立で縁が切れてしまうような所あるじゃないですか。

添野義二総帥に直談判して弟子入りを許された！

先生自身も「自分のようなものを呼んでいただけるのは添野館長の懐の深さだ」ってその時言ってましたけど。先生と空手の出会いについて教えてください。

宮川　東京とかと違ってこういう山梨みたいな田舎は情報が少ないんですよ。今でこそインターネットとかあるから色々情報があるけど当時は何もなかった。私が空手をやろうと思って入った道場は特に団体ではなく、そこの先生に「空手が好きで興味があるので、見てもらえますか？　教えてもらえますか？」という感じでした。まだ入門するという形式の時代でもなかったんですよ。

川保　今だとちょっと考えられない感じですね。

宮川　「ああ、じゃあおいで」って感じで、その先生について教わってたんですね。

川保　あ、その人が士道館ですか？

宮川　いや、どこの流派というわけでもない、単に空手をやってらっしゃる方でこちらも高校生ですから、ちょっと教えてもらえませんか？っていう感じでしたね。その方には何年かお世話になりました。一通り空手の基本などを教わり、自分で稽古できるようになってから、自宅の庭に6畳間ぐらいのプレハブを建てて、自分の稽古場兼近所の子供達に空手を教える場を作ったんです。その当時は今みたいに塾とか習い事する教室なんかがたくさんある時代ではなくてね。口コミで十人、十五人と段々友達が友達を呼んでみたいな感じで増えてきてくれたんですね。それからしばらくして、スポーツの愛好会というのではなくて、ちゃんと道場みたいな形にしたほうが自分自身

▲袴姿が宮川館長の正装。海外で日本人であることを誇りに思う気持ちと、日本人であることの覚悟がこのいでたちに表れているのではないだろうか？

に対する戒めにもなるし、子供たちに対しても道場で稽古しているんだよというイメージにしなければいけないと思って、昭和五十七年の四月に宮川道場という形ではじめたんです。

習い事というのは発表の場というのがないと熱が入らないものですから、試合に出ることを考えたんですね。毎月1回は色々な所の大会に顔を出すようになったんです。大会に出ると色々な経験もしますから、自己流と負けん気の意欲だけでは通用しないという事がわかりましたね。ルールに基づいての競技ですから、自分もちゃんと一度師について勉強し直そう思ったんです。そういう時に、極真会館の添野義二という名前が浮かんだんですね。いろんな方から話を聞いたり、自分でも調べたりして『城西の虎、極真の猛虎』と呼ばれた添野義二という人に付きたいと。自分の感覚では空手の中で一番の人でした。付くとしても二番三番の人に付くというのは考えられないですから。自分の中で最高の人に弟子入りしたいというのがありましたね。添野先生は昭和五十六年に極真会館をやめて新格闘術・士道館を起こしたっていうのを聞いてまして。それで押しかけていって直談判したんです。

川保　直談判ですか？添野先生はどんな感じだったですか？

宮川　十人が十人、怖いイメージしかないって言うんですけど、笑ったところなんか、すごく魅力的ですからね。

　直談判の内容としては「私は士道館で勉強させていただくという立場で、士道館の道着を着て添野先生を師と崇め、自分は弟子としての勤めはきちっと果たします」と。「ボクは山梨の片田舎でやっているので、期限を切らしてください。三年は師弟関係、三年を過ぎたら宮川道場に戻させてください」と。添野先生は「ああ、いいよいいよ」って感じで。その三年の間に色々目をかけていただいて、士道館の山梨支部がなかったので四年目からは「士道館山梨支部　宮川道場」という形になりました。

▲宮川館長の机の上には士道館・添野義二総帥の肖像写真が飾られていた。

▲イランの宮川道場の弟子たち。勢いがある！館長への熱い視線！

川保　そういう流れが有ったんですね。今も添野先生とは良好な関係ですよね。

宮川　師弟関係を守って約束通り三年終わらせていただいたんですけど、やっぱりそこで終わるというものではないですから。年三回、新年、盆と暮れにはご挨拶に伺いますと。それは今も続けてますね。士道館の大きい行事とか、添野先生のお祝いとかは顔を出すようにしています。

袴と道着と雪駄で日本人の心意気を示したかった

川保　宮川道場は世界にも伸びてると聞いてます。特に中東では相当な規模になってるとか。

宮川　私は武道という部分をきっちり抑えた上でも、結局強さを目指さなければならないと思うんですね。そういうポリシーに賛同した外国人がポツポツくるようになったんです。その時は今の道場がなくて、自宅にそういう外国人を泊めたりして女房には苦労かけましたけど。そういう流れが一年に数回、三ヶ月づつ誰かしら外国の弟子がいるという形が続いてて、段々そういう弟子たちが国に帰って道場を始めるという風になった時に、日本の本部は宮川道場だという事になっていったんですね。

川保　宮川道場所属のイランのアキバ選手ですか？　K—1とかにも出てるんですね。

宮川　1993年でしたかね、大きい選手ばかりの中で、今度は中量級をやり

▲イランにおいて宮川道場は極めてポピュラーな空手道場。多くの弟子に囲まれる袴姿の宮川館長。

たいと石井館長から電話いただきまして、その当時宮川道場にアキバ・タレイという選手がいて、彼はキックもやってましたからスペシャルワンマッチで正道会館の田上選手とやりましたね。結果的には負けたんですけど、その試合の後遺症で田上選手は現役を引退したと聞いてますね。

川保　先生が今、イランとか行ったら大変な感じじゃないですか？　国賓級の待遇とか？

宮川　日本だと考えられないくらいのものですね。空港につくと四百人ぐらいがイラン全土から出迎えに来てるんですよ。20時間ぐらいバスに揺られて来る人とかもいるとか。

中東のイランで1万人超の弟子を抱える宮川道場！

川保　先生のトレードマークと言うんですか、「道着＋袴＋雪駄」というのはイランの人にはインパクトあるんじゃないですか？

宮川　やっぱり日本人ですからね。袴と道着と雪駄で必ず行ってましたね。イランだけではなく、その他の国、モンゴルとかも単身で渡った時は袴ですね。

川保　一般的にはスーツとかですよね。武道家としての矜持というんですか、日本人の誇りというんですか、そういうのが先生の出で立ちに象徴されてるなと思います。

宮川　はい。日本人の心意気を示したかったですね。例えば外国へ行って犯罪みたいなことを起こすと、個人名よりも「日本人が犯罪を犯した」っていうふうに大きく取り上げられるという事を聞いていましたから。そういう事で日本国民に迷惑かけるわけにはいきませんから、滞在中はほんとに気を引き締めて過ごしていました。成田空港に帰ってくるまで気を抜かなかったです。

川保　外国人から見ると、そういう部分に日本人の清さというか、質実剛健な所が先生の姿や姿勢を通してわかるんでしょうね。

宮川　はい。そういう部分に東洋的な神秘を感じているとも聞きました。あと、何がどう有っても、負けられないというのがありました。他流試合申し込まれても負けられないです。ルールがあるわけではない戦いでも決して負けてはならないと。そういう気持ちの部分、覚悟の部分がないと飛行機乗れないですよね、観光に行くわけではないですから。

▲山梨県・甲府にある宮川道場総本部でのスナップ。道場にはリングもある。最高の環境でした。

川保　どういう状況でどういう人がいるのかわからないわけですよね？
宮川　はい。全く未知数です。そこに単身乗り込む訳ですからある程度の覚悟が必要になってきますね。覚悟だけは誰にも負けない気持ちでした。日本人として日本に泥を塗ってはいけない。師匠の添野先生の顔を潰してはいけないと。この二つは頭から絶対離れないです。
川保　それがおそらく外国人にも伝わると。言葉どうのこうのではない部分で分かるんでしょうね？
宮川　そうだと思いますね。現地行くと空手に限らず柔道、剣道、武道だけではなく日本の様々な文化団体や先生が色々来てますよと。「でもあなたは変わってますね」って必ず言われてましたから。
川保　今の日本人に足りない覚悟を感じます！　先生！　男だったら命に変えても守らなくちゃならないもの。先生はそれをお持ちなんですよ！
宮川　それがないと飛行機乗れないですよ。
川保　何もかもが未知数の海外に行って、負けるわけには行かない、という意志を持ってる男、武道家が少なくなってると思うのですが。
宮川　そういう時代になったんですかね。
川保　戦前の日本人は逆に覚悟のみが有ったような気が。
宮川　そのために生きてたようなもんだったでしょうし。

鎌倉武士の心意気を現代に蘇らせた

川保　私の直感ですが、先生の姿を拝見した時「男を追求されてる」と踏んだんですね。なので今日山梨まで来ました。
宮川　心構えだけは絶対負けないです。最初の三年間、添野先生との師弟の関係が終わった後でもお世話になったことには変わりないし、自分がこの先生に付こうと思って選んだ方にはどういう形であろうと続けていくのは当たり前ですし、やはり「いざ鎌倉」となった時にいつでも飛び出していけるように。
　現在、私自身、年齢に応じて体力は落ちてますし七十歳を超えて若い子達のようにはいきませんけど、最低限の体力維持はやってますから。本当にいざという時には飛んでいける状況にはなってます。それは当たり前の事だと思うんです

本当にいざという時には飛んでいける状況にはなってます。宮川

日本は武士道から離れてるような国になってるかもしれないですよ、今。　川保

けどね。

川保　まさに鎌倉武士の心意気を現代に蘇らせたということですね。

先生が訪問した外国の方にもそういう心意気が分かるはずですよ。これこそが本当の武道外交ですね。日本民族としての誇りをわからせる。私は仕事で海外によく行ってたんですが、その時に現地で会う日本人は全くなってないような奴が多いです。ヘラヘラして。私は日本人が海外に出るためには試験かなんかして、ダメな奴は出国させない方が良いと思いますよ。恥をばらまいてますよ。聞いたんですが、イスラエルとか兵役終えないと外国いけないとか。そういう関門作ったほうがいいですよ。日本人はこのまま行くとカモですよ。私は戦いますけど。男として、日本人として。ここで負けたらあとに続く日本人も同じ目に合わされると思うし。負けられないです。日本人は外国行く時、覚悟持てと言いたいです。

宮川　当時イランの最高指導者、ホメイニさんの時代かな。その時のラウンサンジャニスさんという宗教最高指導者に挨拶に行ったんですね。宗教最高指導者とは大統領の上にいるポストの方なんですね。ボクはその人がどんな人か詳しくは知らなかったんですが、検問が二箇所あってみんな自動小銃なんかで武装してるんですよ。相当な警護体制でしたね。それでようやくお会いして話したんですが、「ボクは日本人なんで、アメリカの弟分みたいなものですから、招かれざる客じゃないんですか？」って言ったらラウンサンジャニスさんは大笑いして。「政治は政治、民間は民間で、イランの人間もアメリカにはたくさん勉強に行ってますよ」と言うんですね。「ましてやあなたの空手で、我々の国の青少年のために貢献してくれてるのでお話したいと思いました」って5分の予定が40分ぐらいの会談になってしまいましたね。日本に帰ってきてその人が大統領より上のポストだと知りました（笑）。

川保　その時も道着、袴姿で。

宮川　はい。そうですね。

川保　向こうの人も民族衣装みたいなものですね。

宮川　はい、普通のスーツは着てないですね。

川保　中東においては宮川道場はどれぐらいの規模になってるんですか？

宮川　去年からのコロナでだいぶ低迷している道場もあるみたいですけどね。

▲イランにおいて宮川道場は極めてポピュラーな空手道場。多くの弟子に囲まれる袴姿の宮川館長。

イランのテヘランだけでも五十箇所ぐらいあるようです。イラン全土で五百とか言ってましたね。

川保　凄いですね！　イランも国としては大きいですからね。

宮川　八千万人ぐらいの人口ですからね。

川保　おまけに親日国なんですよね。イランってアメリカと対立している部分あるじゃないですか。でも日本と違ってちゃんとアメリカに物言ってますもんね。日本は完全に属国になってる。イランの人から見ると日本情けないって思われてるかもしれないですが、先生が日本人の心意気を見せてくれた事でナンボか回復してるんじゃないですか？日本人の誇りが！

宮川　そこまでじゃないですけど（笑）。

武道は心を鍛える意味では重要な教育法

川保　やはり武道家としての生き方っていうのは、我慢するべき時はするけど、言うべき時はきっちり言うという部分がないとダメだなと思うのですが。相手も認めませんよね、そんな黙ってる奴。

宮川　それでないと生きてる意味ないですよ。

川保　我々の国、日本にもう少し武士道的な威厳を持ってもらいたいんですよ。情けないんですよ。一番武道、武士道から離れてるような国になってるかもしれないですよ、今。気概を取り戻してもらいたいんですよ。

宮川　まさにその通りだと思いますよ。
川保　心の部分を鍛えるという意味では武道教育というのは極めて重要なものだと思うんですよ。体力とかそれだけではなく、心を鍛える意味では重要な教育法だなと思うのですが。
宮川　もちろんそうですね。私も学校の中に武道教育を取り入れてくださいという事を山梨の中でも提案はしているんですけどね。
川保　先生は教育委員会　委員長でもあられるとか。
宮川　小さな町ですが、そういう役職に就かせて頂いた事もあります。その時たまたま住んでる市の中でその町が順番で回ってくる番だったのか、連合会長の役割をやらせていただいたこともあるんですよ。「町の教育委員長」プラス「市の教育委員の全体の連合会長」ですね。その時はかなり暴れましたよ。
川保　やはり反発とかがかなりあったとか？
宮川　連合の集まりで中学、高校の校長会というので五十人ぐらい校長が集まったかな。その中で今年の連合会長として紹介してくれて、何かひと言ご挨拶をっていう事があったんですよ。その時昼飯時だったんですが、私が喋ろうとした時、何人かの校長先生が昼飯食べてたんですね。そこで私は「こら〜！」って言って机叩いて「どこの馬の骨が来て喋ってるのかって思ってるのかもしれないけど、この一年間、来年の三月三十一日までこの市の連合会長だからな。いい加減なことしたらビシッとやってやるぞ！」ってもう一回バーンって机叩いたんですよ。皆箸止まってましたけど（笑）。最後玄関まで五人ぐらいで見送りに来てくれました（笑）。
川保　やっぱり凄いすね！　それにしても校長も情けないですね。そんなんで子供に何を教えるんですかね。今となっては昔の話になりますけど、日本の学校の先生って怖かったですよね。
宮川　もちろん。先生は怖くなくてはならないんですよ。
川保　先生や親父や、とにかく大人がおっかないというのが有ったから、子供は大人の言う事聞いてた部分もあるじゃないですか？　良い事は良い、悪いことは悪いって教えるのはある意味「おっかなさ」も必要ですよね。それが今は体罰の問題とかあって、先生が生徒を怒れないという現実があるじゃないですか。教育上は叱るという事になるのかもしれないですが、叱られた経験のない子供たちがほとんどじゃないのかって思うのです。
宮川　「ウチのお父さんも学校の先生も叱ってくれなかったけど、ここで叱ってくれたのでほんとに良かったです」って道場に通う子のお母さんから言われましたが、道場では怒って感謝されてるんですよ。学校には武道を教育に取り入れるということを本格的にやってもらいたいですね。

川保　今中学や高校で柔道や剣道などの武道の授業を必須にした条例もできましたが形だけですもんね。武道はそう簡単に教えられないですから。精神的なもののほうが多いんだし。スポーツじゃないんですよ。宮川先生は日本人の残していかなければならない精神や教育の概念を武道を通して体現されてる、継承されてるなと思います。

宮川　ありがとうございます。まさにそういう気持ちで生きてますね。

川保　先生本日は色々ありがとうございました！　色々勉強になりました！　それで、先生はもう一つ有名なことがありますよね！「熊を撃退した空手家」として全国ニュースになりましたよね！

宮川　それは（笑）、はい。テレビとか色々な所が取材に来ましたねえ、四年ぐらい前の話なんですけど（笑）。

川保　この雑誌の趣旨と離れてくるので、ここからのお話は『真武士道』の兄弟誌『ドラゴン魂』に収録させていただきます。

※この後、宮川先生と熊と遭遇して頭に大怪我を負いながら、反撃して熊を撃退した話を存分にお聞きしました！『ドラゴン魂3』（現在制作中）に収録いたしますので興味のある方は『ドラゴン魂』もよろしくお願いいたします。

特別寄稿

※ここからの文章は『空手道歴40年記念誌　新実戦空手道家の眼　無骨者のエレジー』より抜粋いたしました。

現在（いま）の世に問う！　武人（もののふ）の心を

昨今、私達の業界では、多種多様な競技・団体が新設され自ら体験するも、又映像雑誌等の普及で見聞が身近なものとなり武道・格闘技ブームとか言われております。しかし思うに戦後の混沌とした時代をやっとぬけた衝動で経済の高度成長期に突入してから「物が豊かになった反面、心を忘れてしまった」のではないか、との感を受けるのは私だけだろうか。まして急激な不況に陥った泥沼の中で脱出する術も無く、あたふたとうごめき、あえいでいるだけの経済、又少年犯罪の低年齢化をはじめとし、親が我が子を、我が子が親を殺傷する事件等が後を絶たず、教科書問題、靖国神社問題に於いては隣国に「内政干渉」されても反論するどころか修正・変更する始末。まして北朝鮮の日本人拉致問題においては「すでに解決ずみ」と言われてその後何の進展も無し。日本の方こそ「拉致問題の解決無くして何が援助だ」と言えないのか。武道に携わる者の一人として現在の世に何かせねばと考えるのは私だけだろうか！　しかるに主義主張は理解できるとは言っても、過去に起こったような動乱や２００１年の米国同時多発テロのような方法は間違っても取るべきでは無い。

　では何を持って私の考えを世に示せば良いのだろうか？　それはこれからの「日本を背負って立つ健全なる肉体と精神を持つ青少年の育成」であろう。それも私の携わって来た武士道精神を持った武道を通してである。ただ、戦国から幕末に至るまでの生き様から見た武士道精神がそのまま現在の世に通じるかどうかと言うと、必ずしもそうでは無いと思う。その子の為を思ってつい手の一つも上げればそれを体罰だと言い、親が警察へ届ける時代、武だけでは暴力となり逆に精神（心）だけでは無力となる。その両方を兼ね備えて道を教える事が現在の世に於いては最良ではないだろうか。大会の為の大会、大会に入賞する為だけの稽古に明け暮れる今の指導方では、心の伴っていない武道家の育成で終わってしまうと思う。もちろん大会開催は大切な事ではあるが、あくまでも意を同じくする者達の交流の場であり武と心を兼ね備えた武道家の育成の為には、指導者が広く世の中を見聞し、自らが武も心も研鑽すべきであろう。だが最近とくに「良き国際人になれ、国際人に…」と学識ぶったスローガンのような言い方をする著名人が多いがその主旨は「日本人の魂と心を捨てろ」と言っているのだ。「良き国際人」になるのはまず「良き日本人」になる事ではないだろうか。まず日本人の魂と誇りこそを呼び起こす事だろう。知識は広く海外へ見聞を広め、魂は常に日本人としての誇りを持つ。いわゆる「和魂洋才」である。

20代の若者を全員自衛隊へ体験入隊させる自由放任の若者を集団教育すべきだ

修行すればするほど、奥が深くまだまだ未熟な空手家のはしくれですが、それぞれの分野でと言う考えなら多少なりとも自分のようなものでも世間様にお役に立てることもあるかと思います。

それでは新年を迎えたこの機に何を今年の目標として動こうかと考えますと、やはり空手道を通しての考えから、それぞれの方向へ枝を広げる方法で「青少年育成」をお手伝いする事ぐらいしか出来ません。幸か不幸か自分にとって一番不釣合いかと思うような「教育委員長」という要職を地元で頂いております。その立場から見た「青少年育成」、空手家という立場から見た「教育改革」、このあたりで何かお手伝いができるかな、と思います。

先日ＴＶで暴走族のニュースを見ました。山梨の河口湖をはじめとして広島などどこにでもありますね。インタビューに対して一人一人の答えは結構可愛く、あどけなく憎めないような子がほとんどなんですね。でもだからと言ってそれを集団で夜中に回りの迷惑も考えずに爆音を立てて走り回り、又、有料道路の通行料を払わずに、それもゆっくりと堂々と通り抜ける、このような行為を見て、はたしてどのあたりまで許せるのか、自由と身勝手をはき違えている若者達、やはり何か足りないのだろうと思います。

一昨年暮、イラン支部へ行ってきました。良い選手が大勢おりましたので何人かを来年日本の試合へ出してあげようという話になった時、二十一才以上でないと行けないという話になりました。十九、二十才の二年間は全員兵役に行くのだそうです。そう言えばこの年代が一番体力的にも精神的にもあらゆるものに興味を持つ年代ですよね。不況とは言ってもまだまだ豊かで平和があたり前と思い込んでいるこの日本だからこそ、暴走族のような集団が出来るのでしょうか。この辺りに何かヒントがあるかなと思います。「兵役」と言うのは現在の憲法下では出来ませんが自衛隊や警察学校などに一年又は二年、十九、二十才の年令に全員体験入隊なり入学して、心も身体も日本男児と呼べるような男子になった者だけが選挙権なり旅券が申請できるようにしたらどうか、と思います。これは我々だけでなく政府の法律にまで関係することなのですが、あらゆる機関が一体となって考えるべきことと思います。それでなくては近い将来「日本」は終わってしまいますね。

話が大きくなりました。山梨の片田舎に住む一空手家の考えとしてお笑いでしょうか。　押忍

●『空手道歴40年記念誌　新実戦空手の眼　無骨者のエレジー』様々な国を渡り歩き空手の普及に努めた宮川先生のレポート多数収録した冊子です。

現代人よ！ 焚き火によって 野性を取り戻せ！

タイの国技ムエタイ500年の歴史を破って、外国人として初めてラジャダムナン（王室系）ライト級チャンピオンに輝いた藤原敏男先生の弟子、"野良犬"小林聡さんから「天骨さんと絶対気が合うと思うのでぜひご紹介したい」ということで岡村二郎さんに会いに行った。岡村さんは小林さんの兄貴分です。

2021年11月10日
長野県長野市のさとやまネット信州事務所で収録。
聞き手◎川保天骨

長野市たき火センター（NPO法人さとやまネット信州）
岡村二郎

おかむら じろう◎長野県長野市安茂里で焚き火の会を主宰。小林聡が兄貴として慕う。小説『サトシ』作会津泰成（ゴング格闘技連載）にも登場した長野の元暴れん坊。『その後の名なしの十字架』（2014年）『日本対アメリカ』（2012年）『人間対犬』（2000年）『いのししとの戦い』（2012年）など数々のインディーズ系極北映画を監督した時期がある。

とにかく火をじっと見ているだけでいい。

川保　焚き火活動の取っ掛かりってなんなんですか？

岡村　建築関係の仕事で人足回しみたいな仕事をし始めて、その流れで解体の仕事が始まったんですよ。それで解体の時に出る廃材とかをどうするかってなった時に、ちょうどうちの山が有ったので、そこに運んでいったんです。まあ捨てると言うよりも再利用目的で木材を切ったりとかそういう事をしてたんです。

▲岡村二郎さん

川保　山をお持ちなんですか？

岡村　そうなんですよ。はい。先祖代々からの。後で案内しますよ。

川保　そこで焚き火やっちゃおうってなったのはいつぐらいですか？

岡村　寒い時に暖を取るために焚き火してたんですよ。ちょうどその時、人生相談に乗ってやっていたうつ病みたいな奴がいて、そいつが火をじーっと見ながら黙りこくっちゃってるんですよ。涙ポロポロ流したりし。それで、「やっぱり、火はいいのかな〜」って漠然と思ったりしてたんですね。そういうのがあったんです。

川保　それまではそういう事考えたことなかったんですか？

岡村　はい、焚き火って別に娯楽というほどのくくりで考えるほどの事でもないと思ってたんですけどね。そのうち段々、焚き火したことないとか、火見ると楽しいなっていう人が増えてきて、それだったら、もっと焚き火が自由にやれる環境を作りたいなと思い始めたんです。十年以上前からポツポツ。

川保　十年ですか！　歴史が結構あるんですね。

岡村　と言ってもここに来て弾みがついてきたっていうか、焚き火やりたいっていう人が段々増えてきた感じですね。

川保　この前、テレビに二郎さんが出演しているの見ましたよ。メディアにもよく出てるんですね？

岡村　いや、テレビはあの一回だけですね。

火は人間の精神の根本部分まで入り込む！

川保　いい焚き火の映像が撮れてました

▲事務所は焚き火場のすぐ近くにあるリサイクルショップ。

よ。私は元々ボーイスカウトで少年の頃からキャンプファイヤーとか飯盒炊爨とか馴染みがあって。小学生の高学年の時に実家が周辺を山に囲まれたような場所に家を買って引っ越したんですね。私の両親は共働きだったので、私は学校帰ったら家の隣の空き地で延々と火遊びしてました。なんでも燃やしてました。一回枯れ草に火が乗り移って大火事になりそうになったことありましたけど。あのまま行くと家に移って全焼してたかも（笑）。幸い枯れ草が燃え尽きて事なきを得ましたけど（笑）。とにかく少年の頃から火が好きでしたね。飽きないんですよ。

岡村　火は飽きないですね。

川保　なんで飽きないのかわからないですけど……。そういう感じなので、自分の子供にも河原やキャンプ場で焚き火させたりしてたんですが、子供って火に夢中になるんですよ。とにかくず～っと焚き火やってるんですよ。この感覚はなんだろう？　ってその当時から考えてるんですけど、未だに答えは出てないです。先程二郎さんが言われたように、火が何かしら人間にいい影響を与えるんだなというのは分かるんです。

岡村　それは確かですね。間違いないですよ。

川保　我々は研究者ではないのでなんとも言えないんですが……。でも結局二郎さんは結果を出されてるんですよね？焚き火によってそういう精神的に病んでる人たちを治癒したりとか。今もかなりの方たちが来られてるんですよね。告知とかされてるんですか？

岡村　ほとんど口コミですね。

川保　年齢層的には？

岡村　う～ん、上は七十代から下は二十代前半ぐらい。子供連れてくる人も居ますし。
川保　その人達は何かしらの効果を期待してここに来てるんですかね？　それとも興味本位で行ってみようかな的な？
岡村　そこまでの効果を期待はしてないんじゃないですか？　結構気軽に来てますよ。でも効果はあると思いますよ。
川保　毎週土曜日にやってるんですよね？
岡村　はい。ただやりたい人がいればいつでも焚き火はできますね。

火がいつの間にか「危険」という存在にされた

川保　アウトドアブームとか言ってるけど今の都会の人は火を見ないですよね？　私は九州なんですけど、まだ私が上京する前だから三十年以上前になるけど、普通にそこら辺で焚き火してるところいっぱい有ったし、一斗缶とかドラム缶で近所のおっさんがゴミ燃やしてるとか。現代の都会ではそんなの見ないじゃないですか。まず『生の火』を見ることがない。そういう意味で二郎さんのやってる焚き火をする活動っていうのは凄いなと思って。自分もそこに参加したいっていう気持ちがあるんですよ。
岡村　昔は家の片付けとかで出たゴミは庭とかで燃やしてたじゃないですか。それで家もスッキリするみたいな。今ゴミ屋敷が増えたのもゴミをやたらに燃やせなくなったこともひとつの要因じゃないかと思いますよ。
川保　確かに昔は燃やしてましたよね。庭先とか路上で。何でもかんでも。プラスチックだろうがビニールだろうが全部燃やしてました。学校でも焼却炉があってそこでゴミ燃やしてましたもんね。ゴミの分別回収とか言い始めた頃からそういう文化がなくなってきたような。何なんですかね？　地球環境がどうのとか、ＣＯ２がどうのとかいうようになって勝手に各自で燃やすことが禁止みたいな感じになった。ゴミの利権あるんですかね？　私はすぐ穿った味方するので、そういう事考える。でもゴミの利権はデカそう（笑）。
岡村　デカイですね（笑）。自分の所でゴミを燃やして処分するという習慣がなくなったと言うか禁止になったと言うか。焚き火が大っぴらにできない。やるにしてもどんどん管理されてきてる。
川保　ポリコレ（※）の中にも火を燃や

ゴミを燃やして処分するという習慣がなくなった辺りからおかしくなった。

※ポリコレ＝ポリティカル・コレクトネス。社会の特定のグループのメンバーに不快感や不利益を与えないように意図された政策（または対策）などを表す言葉の総称。

す事はまずいというのが入ってるかもしれませんね。今、火ってとにかく「危険」という存在にされてるでしょ。だから子供に火を使わせない。ナイフと

▲このような木が無尽蔵にある。

火を忘れた現代人は病んでくるんじゃないか？

かの刃物も使うなっていう親が出てきたのは、そういう危険に対する偏見みたいなものが出てきたからじゃないですかね？

岡村　それが逆効果になっちゃってますよね。二〇二一年に京王線で起こった刃物持って暴れて放火した事件とかも、日常的に火とか刃物扱っていれば、あそこまでやらないと思うんですよね。あいつは火の恐ろしさを知る前に大人になっちゃって、映像とか情報に影響されちゃって、そういう架空の世界と現実の世界がわからなくなってしまったんじゃないかと思います。人とのコミュニケーションもないだろうし。今後ああいう人間が沢山出てくるんじゃないですか。

川保　考えてみれば、火とか刃物とか、現代の親が子供から遠ざけようとするものの代表をあいつは使って暴れたわけですよね。真逆の方向性ですね。

岡村　火でも火傷したり、刃物で手を切ったりして痛みを味わってると「これを人にやったらまずいな」って躊躇するはずですよ本能的に。それがない。

川保　今、電化っていうんですか？　ヤカンでお湯沸かすのもガスコンロじゃなくて電気で沸かすみたいな感じが増えてる。「火」自体が日常から一切追い出されていてるような気がしますね。タバコも電子タバコだし（笑）。とにかく一日の中で「生の火」を一切見ない。それって人間の精神の深い部分にそれなりの影響があるんじゃないかなって思いますよ。現代人って火からどんどん遠ざかってるから、病む人が増えてるんじゃないですか。統計取ったわけじゃないですけど

……。とにかく焚き火は今後重要になってくるのではないかな？

身体動かすことが生きてる前提

川保　病んでるという状態は、何かしらの原因があると思うんですよ。都市化とか核家族化とかいろいろな要素がある。現代社会で生きる人って、心がどんどん柔軟性をなくして弱くなってきてるんじゃないですか。なので二郎さんのやってる活動は社会的にも今後需要が大きくなってくると思うんですね。「その手があったか！」っていう感じですよ！「火」は重要です。

岡村　重要ですね。まず火を燃やすという事には、その燃やすものを作らなくちゃならないんですよ。木を切ったり物を運んだり肉体的な労働が関わってきます。見てるだけじゃなくて体を動かすっていう事が重要なんですよ。スマホとかテレビばっかりの世界では、やはり人間頭おかしくなっても当たり前なんじゃないですか？　身体動かすことが生きてる前提だと思う。

▲この日起こした火。大の大人が知らぬうちに黙って火を見ている状態に。

川保　確かに。燃やすって知恵が必要ですよね。どうやって燃やすものを配置するのか？　燃えやすい材料と燃えにくい材料の選別とか、どう組むのかとか。空気をどう入れるかとか。色々戦略を立てなくてはならない。最初、何もわからない時は人から習って、そのうち応用して自分なりに火を起こしていくというプロセス。これは勉強やスポーツと共通するものがあると思うんですよ。また火が付きやすいものは一瞬すごく燃え盛るけどすぐに燃え尽きてしまう、火が付きにくいものは、いったん火がつくと長時間安

焚き火による教育的効果は高いと思います。日本を強くすると言っても、子供時代から始めないと駄目！

定して燃え続けるとかいう現象はビジネスと似てる。ビジネスマンが焚き火することで学ぶべき真理が見えてくるかも知れませんね（笑）。

もっとも火を起こす事は単に精神的な作用を目的にするものではなく、火によって料理をしたり、お湯を沸かしたり、暖を取ったりという事もできるわけですよね。つまり人間として「生きてる事の根幹」をなすのが「火」じゃないですか？　動物と人間を分かつ最大のものは火を使うかどうかでしょう。昔は火が日常でカマドに火を入れたら様々な用途に使ってた。米も電子ジャーじゃなくてカマドで炊いてたしね。

岡村　昭和初期までですね（笑）。

▲昼間に見るとこんなに広い！サバイバルゲームもできそう！

焚き火もそう簡単にできなくなってきてる

川保　今、二郎さんは焚き火の活動は山だけでやってるということですか？　他に場所いくつかあってとかじゃない？　どこか他の場所に遠征して焚き火会とか。

岡村　それはないですね。うちの山だけですね。ただ解体の仕事で朽ち果てた家とかやる時に、持ち主の許可もらって庭とかで廃材で焚き火とかしながら片付けて、最後、家も燃やしちゃうみたいな。

川保　全部燃やせばいいんですよ（笑）。今、二郎さんがやってるような活動をもっと世間に知らしめて連合にして支部活動させたりすればいいんじゃないですか？　我々も手伝いたい。

岡村　ただあまりにも広げ過ぎるとうるさいこと言う人いるじゃないですか。ペットボトル燃やすなとか。

川保　ああ～、たしかに。うるさいやつは居ますよね～。今、直火ＯＫな所って少なくなってきてて、管理されてる所はだいたい焚き火台を使えとかになるし、焚き火もそう簡単にできなくなってきてる。私が焚き火する所は「直火」が出来るところでしかやらないですが、なんと言ってもダイナミズムが必要じゃないですか？　焚き火台の上でチマチマやるのも線香花火みたいなワビサビの世界でいいのかもしれないですが、私的には丸太ごと組んでキャンプファイヤーみたいな感じでやることに焚き火の究極の醍醐味があるし。私はボーイスカウトの時、火が何メートルも立ち上がる巨大なキャンプファイヤーを大勢で囲んで歌唄ったり、話し合ったりする時の一体感みたいな部分で感動していましたね、子供ながら。大人になってからも何度かその規模のキャンプファイヤー体験したけど、その時だけ大人であることを忘れましたよ。子供たちにも大きな火を見せてやりたいですよ。とにかく焚き火による教育的効果は高いと思いますよ。日本を強くすると言っても、子供時代から始めないと駄目ですよ。自然の中に子供を入れて、何かしら野生を体験させる。野生が足りないんですよ、子供に。このままだと今の子供達が大きくなった頃に病んだ大人だらけになってるんじゃないですか？清潔第一主義で、すべての危険から遠ざけられて育った子供、ちょっと逆に怖いです。ある意味とてもリスクを抱えてる。

岡村　まさにそうですね。

川保　その状況に風穴というと大げさかもしれないですが、焚き火の活動している二郎さんに一度お会いしてじっくり話したいなと思いまして今日来たんです。それにしても、何かしら活動をする上でも経費というのがかかるじゃないですか？　燃やすものとか経費かかってるんじゃないですか？

岡村　今の所、木は無尽蔵にある感じですね。

川保　山の木とか伐ったりして？

岡村　山の木を伐ったりすることもあるし、解体で出た廃材を燃やすこともあるんですが、それさえも燃やすなと。役所

▲いたずらで火の中にスプレー缶を投げ込んだら爆発した。どんなに大きな音を出しても苦情が来ない。

とか消防署との戦いがあったり。

川保　今そういう感じで言われてるんですか？

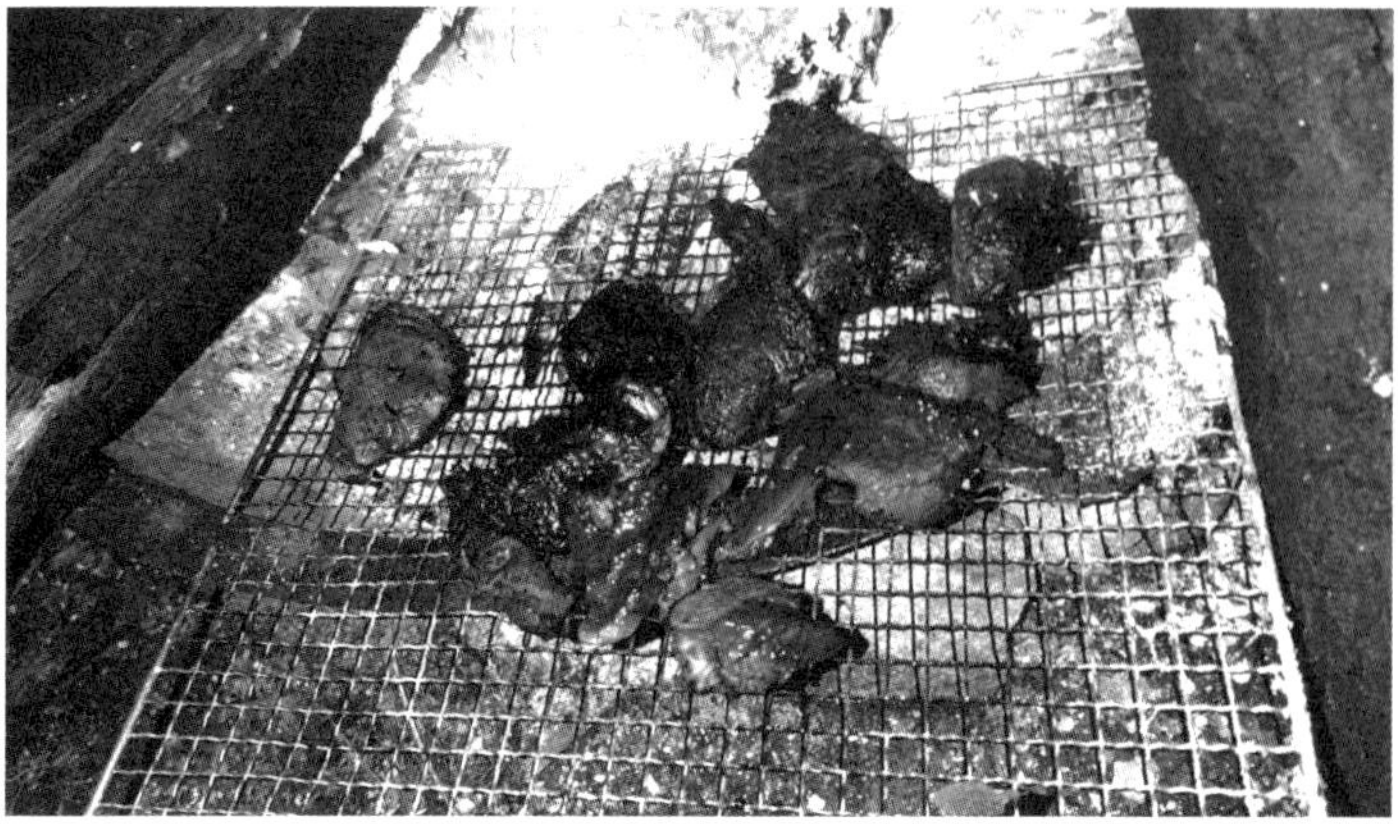

▲地元の猟師さんから頂いた鹿肉を焼いて食べる！旨い！

岡村　今の所は落ち着いた状況ですかね。こういう焚き火の活動をしているという事を役所の産業廃棄物課に言ったりして徐々にですが理解されてきたような。まあ、今後文句言われないためには、文句言いようのない場所を自分たちで開拓するっていうのが一番いいかもしれない。

川保　焚き火するのもマナーの問題があるじゃないですか。若者がドンちゃん騒ぎして帰った後ゴミだらけになってたりしたら、そりゃあ地元の人は怒るでしょうね。そんなんだと禁止にしろってなりますよ。

岡村　ただそれも考え方で、こういう山だとイノシシとかの獣害がひどいんですよ。それで以前東京の知り合いと話していて、その人イベントとかする人だったんですが、東京だと若者とかが騒ぐと怒られるからやりにくいみたいな話しして「それだったらイノシシとか居なくなるから山で大勢来て騒いだら？」ってなって二回ほどフェスみたいなことやったんですよ。

川保　音楽イベント？　テクノ？

岡村　う〜ん、色んな人来てましたね〜。

川保　イベントとかも出来るんですか？

岡村　後で案内します。

川保　山なんですよね？　どんぐらいの山？

岡村　割と……、デカいですね。前は誰も使ってない図面上は誰の土地かもわからないところを拡大していってたんですが、こちらが活動とかで使ってたりするとその土地の社会的ステータスが上がっていくわけですよ。そうすると知恵ある人が「どうしましょう？」みたいな感じで言ってくるんですね。なので今は図面上はっきり分かってる所でやってる。

川保　東京とかみたいな都市圏とは違っ

▲山のふもとにある岡村二郎さんのリサイクルショップにて。後ろに見えるパネルは矢沢永吉。

て土地の境界が曖昧な部分があるんでしょうね？

岡村　酔っ払ったおじさんに「この山、岡ちゃんに全部上げるよ」とか言われたことありますよ（笑）。「あ、じゃあもらいます」みたいな（笑）。そんなところなんですよ。

川保　え、凄い！（笑）。東京に住んでる人からすると想像がつかない世界ですね。

岡村　まあ、家のご先祖様のおかげで山があるわけですから、俺もああだこうだうるさいことも言わないですし。

川保　イノシシとかも出てくるんですか？

岡村　はい、山の中に猟友会の人たちの小屋もあるんで。

川保　じゃあその山で捕れたイノシシの肉とかくれたりとか？

岡村　はい、もちろん。イノシシ増えてますからね。野生の肉のほうが精力的な部分が増進される気がしますよ！

川保　秩父の抜刀の先生で野村貫一先生という方が居て、秩父の猟師が撃ったイノシシとか鹿の肉を時々くれたりするんですが「天骨さん、肉はね、野生の肉を食べないと駄目だよ。スーパーとかで売られてる肉ね、あれは人間が作ったものだよ。山で捕れた肉が本物なんだ。本物を食え」って言うんですよ。確かにな～、家畜は人間が作ってるんだよな～、人造の肉だよな～とか思って。たしかに野生の肉は味が濃くて旨い。

岡村　今度肉獲れた時連絡しますよ。一緒に食べましょう。

必死三昧

日子流小太刀

文・田中光四郎

※本稿は「武士道」において含蓄の深い文章でありましたので、田中光四郎先生の許可をいただき「日子流小太刀」（現在出版準備中）のまえがきを丸ごと転載いたします。

田中光四郎（たなか・こうしろう）
1940年福岡県田川市に生まれる。1963年神奈川大学法経学部貿易学科卒。1967年ジャパン・リソーシス・コーポレーション代表。1985年アフガニスタン入りし、1990年まで６年間、ムジャヒディンとして戦う中で、空手を指導する。戦闘に際して、常に先頭に立つことから「アマリアート（作戦、戦い）」というあだ名を頂く。1987年『照準のなかのソ連兵』（ジャプーン出版）刊行。1990年古賀不二人師範より不二流体術の第二代宗家を譲られる。１９９４年広島アジア競技大会にアフガニスタン選手団を参加させるために奔走。国際難民救済委員会理事長、日本自由アフガニスタン協会理事長、1991年不二流体術第二代宗家を継承し、2007年まで宗師をつとめる。2008年、独自の流派「日子流」を立ちあげる。

「小太刀」は武士（さむらい）が身に帯びる最後の武器、守り刀であり「武士の魂」であると言える。

日子流小太刀においては、日々の生活の中で常に身から離すことのない此の小太刀で戦う心身一体のものである。身を守り、民を守り、国を守り、義を為す為に戦う事を目的として「常在戦場」の心構え生き様を以て鍛錬する様に考案工夫されたものである。

刃渡り一尺五寸(約45センチ）を基準に六分(約２センチ)の長短を認めている。

因みに私の使用しているものは一尺五寸(45センチ）柄は八寸余(25センチ）である。

柄（つか）は八寸から九寸と長刀と同じで両手で持ち、体格や握りの好みに合わせ全身を使って太刀と打ち合える様に目釘は二本に拵えている。

武士が家に在って畑を耕す時、又他家を訪れ玄関先で太刀を預けても、殿中(城内）に在っても常に身に帯びている事ができるのは小太刀だけであり、その用法は先ず護身の為、常在戦場の心持ち備えの為、そして責を負つての腹切り自決、武士として最後の生き様死に様、出処進退を決める当（まさ）に「武士の魂」、生命そのものであると言えるからである。

小太刀は古くは懐刀（ふくろがたな）、守り刀として常に身につけていた。奈良、荘園時代から坂上田村磨が蝦夷を制圧した頃から武士が台頭、戦いそして勝ち獲る「力」の社会が構成される様になり、平安から鎌倉時代が始まる頃、約千二百年前辺りから「刀」の文化の華が開き、多くの名工職人が出現し武士とて佩刀（はいとう）の習慣となり、脇に守り刀として小太刀が腰に差される様になったのがこの時代と言われている。

守り刀には匕首（あいくち）造りの物が多く有ったが戦いの中で敵の首を落としたり、鎧通し（よろいどおし）としても使われる様になり、九寸、一尺五寸と多様性を持って拵えられ武士の姿として形造られたと考えられるのである。

時が移り時代に拠り「刀」の扱い抜き方も亦、馬を使う武者揃えの戦い方も時代と共に変化しており、然し乍ら雑兵軍団の戦いが主となった室町時代後期には太刀揃えから刃を上に腰に差す現代同様の姿が多く見て取れる様になっていた。

平時に在って一城の主や近習重役を除き多くの武士は所領の田畑を耕し一族郎党の生活を援け、次の戦いに備えたのである。何時、如何なる時、場所に在っても必ず身につけていたのが守り刀、謂わゆる「小太刀」なのである。

「戦う事は武士の本義である」

武士は戦う事により家族を守り、所領を守り、義を守る。その為に天地自然を学習し森羅万象の変化、備えから人物の存在までも知り、敵に備える所謂「常在戦場の備え」をしたのである。

「分弁（ぶんべん）」という言葉がある。分を弁（わきまえる）という事で、己の立場を識る事を大事に敵をよく識る事が如何にその生き様死に様を「義」に生かす事ができるかを自得する事になる。この教育こそが「武士道」と言われる様になるのは、江戸時代に入り平和を実感する「戦（いくさ）」のない世になってからである。

約二百七十年の永きに亘って羽織、袴に大小の刀と白扇を腰に懐紙を待つ、戦うという仕事から城勤めが主となった平和な時代の武士のお勤め制度が出来上がった。

徳川時代、江戸幕府開闢（かいびゃく）以来約百年後に「武士道と言うは死ぬ事と見つけたり」で有名な『葉隠聞昌（はがくれもんじよ）』が九州佐賀の鍋島藩士・山本常朝口述、田代陣基書き取り編集で出来上がった。山本常朝は一度たりとも刀を抜いて戦った事のない城勤めの役人である。切腹の介錯人としての腕前は有り、幾度かの介錯経験が書き残されている。関ケ原、大阪冬の陣、夏の陣以後全く平和な時代であった。

『葉隠聞書』が出来上がる十数年前には赤穂浪士に拠る吉良上野介邸討ち入り事件が世間を騒がし、徳川幕府は「義は己を潔くするの道也。法は天下の規矩（きく）也」と四十七士の討ち入り武士に切腹を命じて治安を大事とした安易な解決策をとった。

武士として家臣としてその一分をたてて戦うという「武士の大義」本分を見逃す形を作ったのである。

武士とは名ばかりの文官、謂わゆる大学者の意向が重用され幕府の体裁が保たれたのである。この時代に山本常朝が「武士道」を語ったのは、役人として勤め人として雇用主に対する勤め人覚悟の「お家大事」が大きな要素であり、武士としての文人文化の所産ではなかったかと考えられる。

対して『葉隠聞書』成立の約七十年前に宮本武蔵が肥後熊本の霊巌堂（れいがんどう）に籠り死の床に臨んで、「兵法の道、二天一流と号し、数年鍛錬の事、初而（はじめて）書物に顕さんと思い、時に寛永二十年十月上旬の比、九州肥後の地岩戸山に上り天を拝し、観音を礼し、仏前にむかひ、生国播磨の武士新免藤原の玄信、年つもって六十。云々――」の書き出しで有名な『五輪書』を地・水・火・風・空の五巻に纏（まと）め上げ、地の巻に「武士は只死ぬるという道を嗜む事を覚ゆるほどの義也」と断じ切っている。

勝負においては勝たねばならない。そして備え、技、間、鍛錬、戦法まで実に詳しく戦闘者としてのあり方を説き、「空は有善無悪、智は有也、道は有也、心は空也、万理一空。」と書き遺した。

武士は戦う事こそが第一義でありその心の持ち様「備え」を説いたものである事は言うまでもない。

因みに宮本武蔵は大小二刀を使う二天一流を起こした。身に帯びた武器は全て使いきるという大事を示したのである。戦闘者として在る武士の姿と平和な城勤めをする形の武士の姿と平和な城勤めをする形の武士の姿、然し乍らその根差す処の思いは「必死の武士道（おとこみち）常在戦場の備え」に他ならないと考える。武士に「道」謂わゆる「武士道」というものは無い。必死三昧の備えがあるのみである。その教育を「武士道」と私自身は自得している。

武士としての生き様、死に様、出処進退を語る時に、その在り方の教育「武士道」が営々と間違う事なく我が日本に於いて現代社会にも生き続けている何よりの証左である事は疑う余地もないのである。刀の文化を通じた我が日本民族の本質、文化が此処にあると言っても過言ではなく、刀の文化を通じた「大和魂」も日本魂精神もこの「武士道」に語りつくせるのではないだろうか。

戦って家族を守り、民を守り、国を守る。戦う者としての心構え、備え、「義の教育」こそが「武士道」と言えるのである。

　我が「日子流小太刀」も「日子流体術」もその一翼を担っている武術であると自負している。


　仁、義、礼、智、信。人として在る事の大事を自覚し不退転の覚悟を持って事に臨み、鍛錬によって得た技と身体を何時如何なる場、時にあっても充分に発揮できる様に備える事である。備える事は戦いの大前提である事は言うまでもない。備える事、戦う事こそが武士としての本礎であり「日本魂（やまとだましい）」の発揚、武士の仕事、生き様であると言えるのである。


　古（いにしえ）に孔子の『論語』に曰く「兵は不肖の器なり。天道之を憎む。止むことを獲ずして之を用ゐる、之天道也。」又曰く「戦う力有りて後（のち）和せ。」備えこそ大事、備えこそ戦い、国造り、教育なのである。

　柳生宗矩の『兵法家伝書』に曰く「一人の悪を殺して万人を生かす。是等誠に、人をころす刀は人を生かすつるぎなるべきにや。その兵を用ゐるに法あり。」と大機大用を説いている。

　柳生宗矩の師である江戸時代初期の高僧沢庵宗彰（たくあんそうほう）が『太阿記』に言う「大用現前不存軌則（だいゆうげんぜんきそくをぞんぜす）」とと説く。大用とは何と大きな意味を持つのであろうかと、まるで仏像を見る様な思いをし、八十才に喃とする老境の現在も未だに日々考えさせられる。何とも忙しい世の中ではあるが――――。

　私の武道人生の行き着く処「必死三昧の稽古に基づく、思無邪の自由自在唯我独尊」となるのである。

　現今、平和な時代に在って年令を重ねて稽古で身体が思う様に動かなくなってきたり、精神的に穏やかになってくると、「和」を語り「神」を語り、「宇宙」までをも語る先生方がいらっしゃるが、スポーツ競技に於ける武心と武士の武心を同じに断じて欲しくはない。

　「一所懸命、生命がけでやっている」とよく聞く事があるが断じて覚悟が同じではないのである。


　沢庵宗彰が紫衣事件とよばれる時の権力者幕府と対峙し東北上山へ流され、三代将軍徳川家光が尊敬し、沸教界を治めようとした事は有名であるが「生命（いのち）がけでやっている」と己の思いだけで若い人達には余り言って欲しくない言葉である。然し「一所懸命」は大事である。

「和」「神」「宇宙」を語る先達は生命を懸けて太阿の利剣を使い一剣平天下の心持を修行されたのであり、古くにも中国の歴史故事の中に数多く見てとれる武士としての生き様だからである。

「和」「円」「自由自在」は「武の究極」なのである。

沢庵和尚が柳生宗矩に「不動智」を説いて戦いの心持を教え、義を説いて「覚悟」を教えたのも宜（むべ）なるかなである。　刀は人を殺すもできるが、その教育「武士道」に於いては万を抜かずに平和を追求する度をも亦養う事ができる。「不出一歩、不退一歩」動く事なく居乍（いなが）らにして相手を制するという事も有るのである。

一日一緩急のある時にはの「義」の為に己一人でも一命を楯とする事もできるという事である。


その為の正心修身鍛錬こそが「武士道」と言い、「一剣平天下」に通ずるという事も亦「義」「大義」という大事も此処にあるという事である。

中国の古書『孫氏』に曰く「兵とは国の大事なり、生死の地、存亡の道察せざるべからずなり」「戦わずして人の兵を屈するは善の善なる者なり」と二千六百年もの大昔から「武」の大事が書き遺されている。

参/兵者国之大事、死生之地、存亡之道、不可不察也
参/不戦而屈人之兵、善之善者也

本書の稿を起こすに当って最も熱心に勧めてくれたのがハンガリーのブダペストの弟子達である。

二〇十二年三月(平成二十四年)、フランスのパリに於けるカラテブシドウ大演武会の後、以前から要請されていたブダペストへ赴き演武をしたのが大好評を戴き「日子流体術」の道場を開いて欲しい旨の要望が多くあり、この十年余数十回に亘り一か月から二か月を費やして全国各地を巡って指導、二〇一三年九月には首都ブダペストの中心地でドナウ河沿いの国会議事堂の対岸マルギッド橋脇に新しく道場を開設する事ができたのを機に「日子流小太刀」をも指導する事になったのであります。

何とも嬉しい事であります。

フルコ・カルマン氏（Ｍｒ．Ｆｕｒｋｏ Ｋａｌｍａｎ）は世界的に有名な空手家、極真会館の大山倍達館長の漫画「空手バカ一代」に2メートル、120キロの大男で愛嬌のある強い男として描かれているが、、ハンガリー空軍の空挺部隊の歴とした将校であった。紹

介者もあって親しくお付き合いをさせて戴いている。

　そのフルコ・カルマン師範八段が彼の故郷であるソルノックという所で私のセミナーに初めて参加してくれた時の事である。

　何と、何とである。あの世界の有名人フルコ - カルマンが多くの地元の人達が見守る中、稽古着に白帯をしているのである。驚かされたのは私の方である。現代の日本にも武道家を気取り強く見せたい、格好よく見せたい有象無象の先生と呼ばれる人達は掃いて捨てる程居るが、斯く「道、礼」を弁（わきま）えた武道家は久し振りに見た。地球の反対側東欧のこの国にあって日本式の「武心」「武士道」が根付いているのかと強く印象に残っている。

　そう言えばこの国の人は姓・名の順で表記し、年月日も日本と同じ並びで表現される。

　約千年前に中央アジアからヨーロッパまで大遠征をしたフン族大王アッティラ（Ａｔｔｉｌａ）と名乗る人も多くあるのも、日本人と祖先を同じくする何かしらの縁があるのかも知れない。相通ずる文化の根が存在しているのかも知れないと思えるのである。

　国の施策も幼児から体育面での教育を重視するシステムになっているらしく、二十六歳若者が武道経験二十二年あるがやっと初段になったと喜んでいたりするのを見た事もあり、道場生達も道場に入り先輩同輩達に必ず立ち止まり、踵（かかと）を合わせて顔を下げて礼をし握手をするという挨拶をしている。

　私は思いました。この国なら足を踏み入れても良い、真の武士道、日本魂を伝え遺せると確信しました。

　以後、ハンガリーからチェコ、オーストリア、ドイツ、スペイン、フランスと近隣諸問へ「日子流体術、小太刀」展開の第一歩となったのである。

　後に彼等に聴いたが極真会館、尚武会、和道流の空手、カンフー等々スポーツとしての格闘クラブは多く有るが、他流派に移れば白帯から始まるそうである。

　又、フルコ - カルマン氏は二〇十五年五月にＨ・Ｃ・Ｃ（ハンガリーオリンピック委員会）から当時空手はオリンピックの競技種目になっていないにも拘らず、スポーツ功労賞として特別表彰を受けたメダルと表彰状をわざわざ私に見せに来てくれた事もあった。

　大変喜ばしい事でこの良き友の健康で更なる活躍を期待している。

ブダペストを訪れる度に木刀、袋竹刀、短刀等の稽古道具を持参寄附してきたが、今後参加者が更に増える様相から弟子達の「英文の技術解説書」を是非作って欲しいとの要望となった次第である。

今までヨーロッパに数多くの居合いや剣道の指導に訪れた日本人はあったが「小太刀」をつかった指導を受けた事は嘗（かつ）て無いそうである。我が日本に於いても然りである。

武士の持つ最後の武器である「小太刀」を指導する先生が居ないのである。

居合いをやっている人に武士の魂大小二本差しを見た事もないし、況（い）わんや防具付き竹万剣道に於いてをやである。

残念乍ら今や我が日本に於ける武道という意識は斯くまでにスポーツ化されてしまった。

「武士の魂」や何処である。

勝った、負けた。当たった、退がった。勝負、そして稽古、人生ですらも全てが点数で計算される様になってしまったのである。

武道と言うには余りにもスポーツ形骸化してしまった現状は武術、武真を志す者の一人として何とも悲しむべき現実と言わねばならない。

「剣説」「剣徴」を書き遺された真流平山行蔵先生の『必死三昧』の小太刀の突き心、常在戦場の備えがすっかり忘れ去られてしまった。この心こそが武道を学ぶ者の覚悟であり、武士道という教育なのである。

日本の文化である「刀」を語り「武士」を語り「武士道」を語るのに、武士が最後まで身に帯びている武器「小太刀」を世界に知らしめる事は之も亦日本文化の伝承を語り継ぐ世界の一石になるであろうと考え、「日子流小太刀」の解説書起稿となった次第である。

向後、余命を日本武道の益々の発展と「武士道」「刀の文化」の認知を世界に広めるべく一所懸命の努力をする覚悟であります。

日子流は全く私の我流であり、朝稽古は私の人生におけるバックボーンと言える。八十二才の今日もなお稽古に励める丈夫な身体を与えてくれた父、母に感謝である。

又、今日迄多くの方々に支えられ生有る事、改めてこの場を借りて感謝申し上げます。

有難うございました。

令和四年　吉日

日子流体術　日子流小太刀

宗師　田中光四郎

ドラゴン魂から生まれた会

龍魂会 会員募集!!

空手をはじめ合気道、居合、剣術、柔術、中国拳法、各種古武道、さらには現代的な護身術、武器術を含め、武道、武術を総合的に研究する会として発足いたしました。会には様々な先生、道場や流派、団体などに参加して頂きたいと思います。お互いの理念や技術を交流していく場を提供するのがこの会の目的です。

『ドラゴンメディア』（ウェブ）『ドラゴン魂』（出版）『ドラゴンフィルム』（映像）という異なるメディアが三位一体になった『メディアミックス』の現場から派生した会です。今後は単なる情報発信ではなく、『龍魂会』によって得た実践と実験を踏まえた上でのリアルなコンテンツを発信していくことができると信じています。主な活動場所は東京・杉並区阿佐ヶ谷の『ブレイズスタジオ』です。
今後は会が主催するセミナーや合宿、旅行、懇親会なども企画していこうと思っています。

❖空手やキックでいい汗かこうよ！

❖試斬りとかもするよ！

❖皆で稽古後飲みながら武道談議に花を咲かせましょう！

［龍魂会HP］http://dragon-media.jp/ryuukonkai/

国際真武術連盟

真武術

SHIN BUJYUTSU REAL MARTIAL ARTS

危機的な現代社会の状況において、人間はいかに生き延び、そして幸せを獲得できるか？ 日本古来から伝わる武術の中にそのヒントがある！ 我々が組織名に武術と銘打ったのは、この命題に少しでも近づくための覚悟かもしれません。深遠なる武術の世界は、我々人間に多くの示唆をもたらします。

・本当の強さとは何か？
・本当の健康とは何か？
・本当の豊かさとは何か？
・本当の幸せとは何か？

これらの問いに答えるのは容易い事ではありませんが、武術的な思考を元に生きることで、これらの問いに対しての〝気付き〟を得る事が出来るでしょう。

我々真武術連盟は、単に武術稽古によっての技術伝承を主な目的とするのではなく、人間の真の幸福に対する様々なアプローチを武術的思考を元に提示していきたいと願っています。

連盟加盟道場・会員募集

現在、真武術連盟では、武術・格闘技・武道を追求する上での人的交流、技術交流を目的として国内・海外に広く連盟への加盟道場・会員を募集しています。

［募集対象］
真武術の理念である「真の武術の追及」に賛同していただけるグループや道場、個人。特に海外において武術の活動を行っている方、本格的な日本の伝統的武術を学びたい、交流したい方、日本に武術修行のために日本に滞在したい方をサポートいたします。
お問合せは、気軽にお電話、メール下さい。

事務局
03-6454-0928　http://www.shinbujyutsu.com
［Email］bu@shinbujyutsu.com

日本よ！ 日本人よ！ 気付いて欲しい！

日本が今置かれている現状と避けられない危機！

歴史を学ぶのは賢者であり、経験に学ぶのは愚者である。現在の日本そのものである。ペマ・ギャルポ先生は、日本人として、今日の日本を憂い、日本再生の一助となるだけではなく、失われた国家の歴史を紐解き、日本のみならず世界に民族の共生を訴えている。日本再生TV代表の木下顕伸が聞く！

国際政治学者

ペマ・ギャルポ

ペマギャルポ／国際政治学者 1200年続いた主権国家チベットであったカム地方ニャロン出身。1953年6月18日生まれ。国際政治学者。チベット仏教研究学者。モンゴル大統領顧問。ブータン王国首相顧問など歴任し国際的活動を行う。著書多数。2005年11月日本人に帰化。テレビ、新聞、雑誌等、言論界でだけでなく国際政治活動に関与する。

2022年2月24日
東京 ペマ・ギャルポ事務所にて収録

聞き手◎木下顕伸
日本再生TV代表

歴史を改竄《かいざん》する中国共産党に騙されるな。チベット国家と同じく日本も地図から抹消されることになる！

まず中国の認識を変えてもらいたい

木下　本日は拓殖大学教授（当時）、現客員教授、アジア自由連帯会議の会長であられますペマ・ギャルポ先生をお招きして、先生のこれまでの日本における活動や先生のご出身の国、チベットの歴史や現状についてお伺いしたいと思います。どうぞよろしくお願いいたします。

ペマ　本日はお招きいただきありがとうございます。チベットについては日本においてあまり知られていないので、まず何よりも皆さんには今回の私の話でチベットという国の認識を変えていただきたい。

日本の皆さんは、中国は大きくて広大な面積を持つ国だと思われていると思いますが、まずその認識を変えていただきたい。中国は決して広くはないということです。現在の約９４０万平方キロメートルの中で、チベットだけでも２４０万平方キロメートル（資料によっては２２０万平方キロという場合もある）。どういうことかというと、このＡの部分（次ページ地図参照）ここがほとんどチベット。Ｂの部分がウイグル、Ｃの部分が南モンゴルです。こうやって見ていただくと、現在の中国の63パーセントは本来中国ではないという事です。

中国は歴史を史実を自分たちの都合のいいように捏造して変えてしまう。

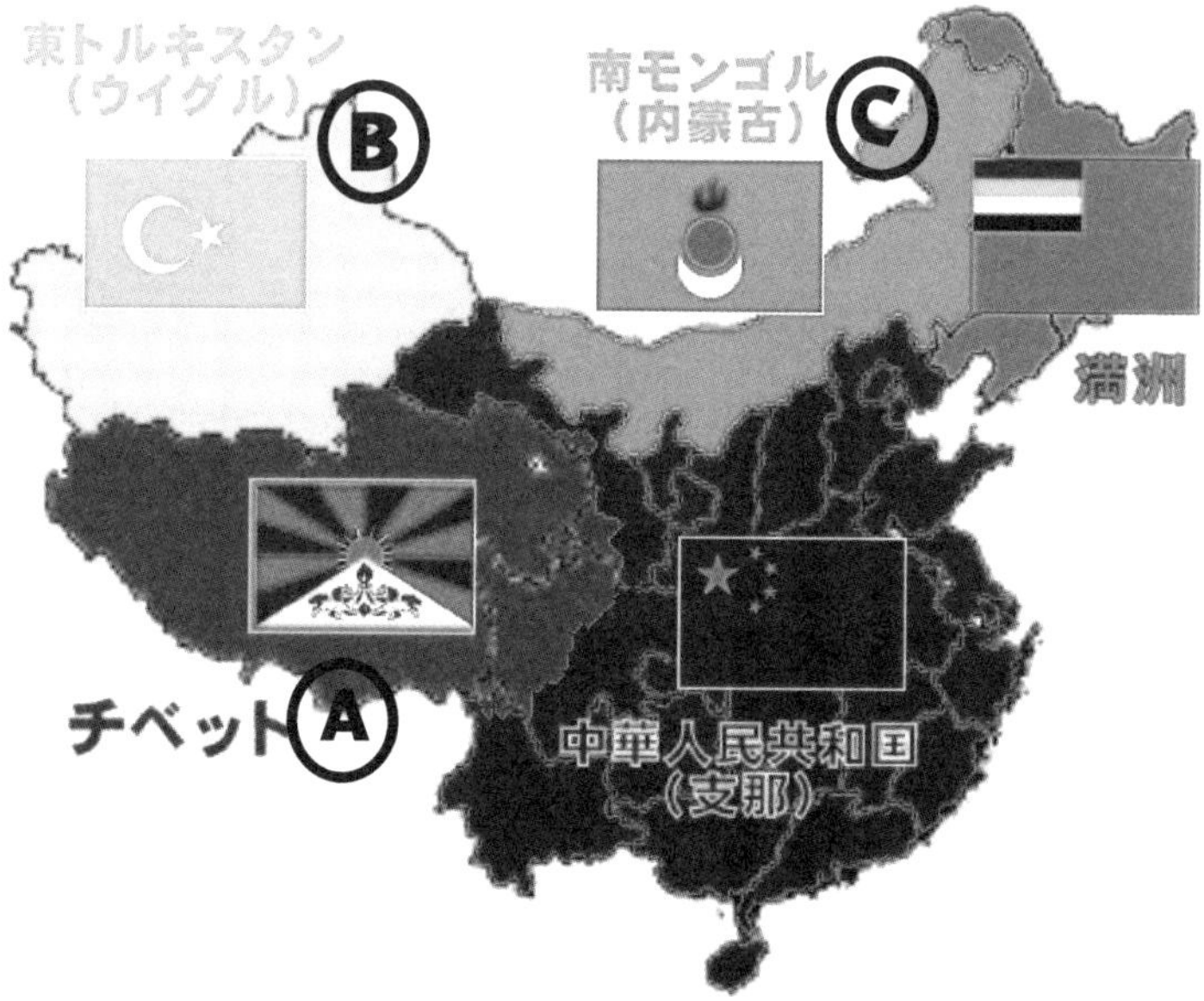

▲本来の国境線。文化的にも全く違う国を中国共産党は侵略していった。

ABC以外の37パーセントの場所が本来の中国です。この事は日本が一番よく知っているはずです。なぜかというと日本はかつて中国と戦争をしました。我々の国チベットは日本とは戦争をしていません。当時のチベットは、主権国家ですから中国に駆り出されることはありません。この事はすごく大事なことです。ですので、まず日本の皆さんに認識していただきたいのは、現在世界で広まっている〝広い中国〟という認識は日本が敗戦した1945年以降1949年に中華人民共和国というものが出来てから始まったということです。まずこの事を私は言いたい。日本の皆さんは中国の見解しか見ておられないのです。チベットは少なくとも千二百年以上の国としての歴史を持っています。その千二百年の中でチベットが逆に中国を侵略したこともあります。

かつてチベットが吐蕃《とばん》王国(※)であった時、中国（その当時は唐）を攻めて傀《かい》儡《らい》政権を作ったり、あるいは皇帝のお姫様を無理やりチベットの王様のお嫁さんとして貰ったり、つまり政略結婚ですね。そういう事もあった。ずっと和平と抗争を繰り返していたんですが、822年に対等な条約を結ぶことになった。「中国人は中国に住んだほうが幸せだ。チベット人はチベットの土地で暮らしたほうが幸せだ。魚は水の中で暮らしたほうが幸せだ」というような文言を石碑として石に掘っているのです。唐蕃会盟碑《とうばんかいめいひ》（※）。それを文化大革命の時に中国はその石碑の文言を一生懸命削りましたけど、幸いにして石碑は3つ作られていて、中国の首都と、チベットの首都と国境に一つずつあった。どういうわけか、そのうちの

※**吐蕃王国**＝7世紀初めから9世紀中ごろにかけてチベットにあった統一王国。
※**唐蕃会盟碑**＝821～822年に唐とチベット（吐蕃）の間に行われた会盟の内容を刻んだ碑。

一つは考古学者がフランスに持って行ったわけです。ということで、その条約は文献として残っています。

いずれにしても、１９４９年の中華人民共和国が成立するまで、中国がチベットを支配したことは一度もない。ただし、中華人民共和国建国に伴って、中国は元朝とか清朝の時期に、何らかの影響を及ぼした場所はすべて正統な領土であるという主張を始めたのです。こういう事を踏まえた上で考えますと、中国は歴史を捏造するのです。作文する。史実を自分たちの都合のいいように変えてしまう。元朝時代にまで遡って中国の影響下にあった地域まで全てと言い始めているから、その地域は広大な広さになってしまう。でも考えてみると、元朝というのはモンゴルの人たちが中国を侵略して作った王朝ですよ。中国がモンゴルを侵略して作ったわけではないのですよ。これは例えばアメリカが日本を侵略して占領したからと言ってアメリカが日本になりますか？　侵略された国が侵略した国を自分の国だと主張しますか？　現在の中国が主張している内容には全く根拠がないです。まったく一方的な作り話ですよ。

日本とチベットの関係

日本とチベットの関係は、東大の山口瑞鳳先生によると唐とか隋の時代に初めて出会ったらしいです。中国の皇帝の前で日本と韓国（当時の百済《くだら》）の大臣どちらが上に座るかということで喧嘩していたのを奥で見て笑っていたのがチベットの大臣だったという話があります。それが日本人とチベット人が初めて顔を合わせた歴史だと思います。

近年、明治維新後、１８９０年代から日本はアジアに関心を持ちました。チベットに関しては仏教の聖典を求めてチベットに行くという目的があった。しかしこれは表向きかもしれない。本当は情報集めだったのかもしれない。

チベットは１６４２年以降、鎖国政治をとっていました。当時チベットには外国人は入れなかった状況ですが、河口慧海先生（※）がお坊さんに化けて入った。それに続いてその他、全部で10名の日本人がチベットに入ってきました。日露戦争のころですが、その中の10名のうち、乃木大将の下で戦争に参加していた矢島保治郎（※）さんという方がチベットの軍事顧問になりました。その他に青木文

アジアの国々すべてが日本を侵略国家だとは思ってない！。

※**矢島保治郎**（やじまやすじろう、１８８２年8月23日〜１９６３年2月13日）は日本の探検家、軍人。四川省からのルートで初めてチベット入りした人物であり、ダライ・ラマ13世の厚遇を受けてチベットの軍事顧問に就任した。

※**河口慧海**（かわぐちえかい、１８６６年2月26日－１９４５年2月24日）は、日本の黄檗僧、仏教学者、探検家。日本や中国の漢語仏典に疑問をおぼえ、仏陀本来の教えの意味が分かる書物を求めて、梵語原典やチベット語訳仏典の入手を決意し、日本人として初めてチベットへの入国を果たした。

教先生（※）と多田等観先生（※）という方二人が交換留学生として日本から来られた。その当時チベットはまだ鎖国していてお坊さん中心の国だったので国旗がなかった。「チベットには国旗があったほうがいい。国旗を作るべきだ」ということで矢島先生と青木先生の二人の考案で現在のチベットの国旗「雪山獅子旗」が作られたと言われています。

木下　このチベットの国旗は日本の日章旗に似ていますね。

ペマ　はい。非常に似ていますね。あの時の日本人は必ず日本の何かを残したかったんだと思います。チベットの軍隊は矢島保治郎先生が顧問でしたから、「キヲツケ！　ヤスメ！」だけはチベット語ではなかった。日本語ですよ。

１９３０年代から１９４０年代の初めのころは日本と中国が戦争しているわけですが、日本は（援蒋《えんしょう》ルート）を阻止するためにビルマを押さえた。しかしチベットから物資を送られたらまずいので、日本はチベットに「今、仏教国と非仏教国で戦争している。我々に味方してほしい」と言ってきたそうです。一方アメリカのほうも「我々は正義と不正義で戦争している。我々に協力してほしい」ということも言ってきた。当初、チベットは返事しなかった。しかしアメリカがしつこく言ってくるものだから「我々は国が小さくて戦争には協力できません」と結局は連合国に協力しなかった。協力しないだけではなく、むしろ日本を助けたのです。日本が経済制裁されている時でした。本来ニュージーランドやオーストラリアから輸入していた羊の毛が入らないのでチベットが英国やアメリカに売っていた羊の毛を都合してくれないか

▲河口慧海先生。

▲青木文教先生と多田等観先生

※**青木文教**（あおきぶんきょう、1886年9月28日－1956年11月7日）は、日本のチベット研究者で僧侶。チベット＝西本願寺間の交換留学生としてチベットのラサ市に派遣され、ダライ・ラマ13世の教学顧問を務めた。※**多田等観**（ただとうかん、1890年7月1日－1967年2月18日）は、日本の僧侶、仏教学者。明治末から大正にかけてチベットに入り、チベット仏教を修行。日本への帰国に際して多数の仏典、文献を持ち帰り、斯界の学識経験者として活躍した。

と日本の申し出があり、その当時のチベットの大蔵大臣がその申し出に対して決断して日本に羊毛を融通した。日本とチベットの関係はたった10年ぐらいのものですが、非常に密接な形になったのです。

第二次大戦で日本が負けるとチベットは日本に協力したという事で間接的敗戦国になりました。その理由から、私たちに対しては国連に加盟するような話もなかった。１９４７年にインドはまだ独立してないけれども独立するという話はイギリスとはついていた時期です。ガンジーが中心になり「アジア・アフリカ会議」というものが開かれて、チベットの大臣はチベットの国旗を持ってチベットのパスポートで参加しました。こういう歴史の流れを考えたら日本の皆さんもチベットが独立国家であったという事は理解できると思いますね。

▲チベット時代の矢島保治郎。

もうひとつ言いたいのは、必ずしもアジアの国々すべてが日本を侵略国家だとは思ってないということですね。これはやっぱり大事なことだと思います。日本人は反省しているとか言って自分たちの戦争を自ら侵略だと言ったりする人たちもいますが、それはアジアで共に戦った人たちのことを忘れていますよ。決してそうではないという事です。

▲チベットの国旗。日本人がデザインに関わっている。

ひ弱な国がいくら平和を望んでもいざ他国の軍隊が入ってきたら守れない。これが現実です！

▼十七か条協定調印式の様子。協定の原本には、「チベットの国璽」にあたる印章の印影はみあたらない。

中国の遺伝子　領土拡張

共産党は、中華人民共和国の建国宣言と同時に「まだ革命は終わってない。西洋から植民地化された我々のたくさんの領土を開放しない限り革命は終わらない」と言い始めた。その時の彼らの言い分は先ほど申しましたように、元とか清の時に何らかの影響がある場所は中国の正当な領土であるという論理ですからね。彼らの言う通りになるとハンガリーまで入ってしまいますよ。

その当時、国を設立したのはいいけれど国民に対して何も与えられない。なので共産党は国民の不満をそらすために継続的な「革命」ということで、世界全体を共産化、社会主義化しないと革命は終わらないという事を言い始めた。その時に一番弱くて傍にあったのがチベット。中国は2万人の軍隊を送ってきました。

その時チベットには240万平方キロの広大な国土を守るのにわずかな兵隊しかいないわけです。ラサと国境を守るだけで精一杯。ですからチベットは、インド、ネパール、モンゴル、英国、アメリカなどに助けを求めたようとした。だけどインドはインド自身が独立して間もないし、戦争はしたくない。また、その当時のインドの初代首相ネルーは、英国や米国には私が仲介します、とチベットに伝えたはいいが、実際は取り次がなかった。せっかく白人をアジアから追い出したのに、チベットを助けるという事を口実にしてまた帰ってくるのではないかという危惧があったのですね。そして結局、国連でさえも何も助けなかった。しょうがないからチベットは1951年に代表団を送り中国と十七条の協定を結ばされたのです。この十七条の協定の中で大切なことが一つあります。一つは第十七条の四項に当たると思うのですが、「外交と国防に関しては中国が当たるけれども、内政には一切手を加えない」という部分。ダライ・ラマを頂点とするチベットの内政には一切タッチしないと。まさに一国二制度ですよ。

　本来この十七条の協定は国際法的には無効です。なぜかというと、この協定を結ばないとさらに多くの軍隊を送ることになるという脅しがあったこと。もうひとつはその派遣された代表団は本来、そのような協定を結ぶ権限が与えられてなかった。ある意味無理やり締結させられたのです。それから１９５９年までダライ・ラマ法王はいろいろな努力をして中国と共存しようとしましたが難しかった。結局インドに亡命せざるを得なかった。

▲唐蕃会盟碑(とうばんかいめいひ)。中国の唐朝とチベットとの間に結ばれた和約を刻した碑。

　そして北京政府は１９５７年あたりから内政干渉を始めたのです。明らかに協定違反です。これは近年、香港も同じ目に遭っていますよね。まず何を干渉し始めたかというと、お坊さんたちを非生産的集団だと弾劾、またその他豪族、貴族、地主を含め、これらを「四つの敵」と定めたのです。それからお寺からお坊さんを連行して人民裁判などにかけたりするようになった。そういう状況が続いていくうち、東チベットあたりから決起がおこりました。中国からすると反乱になります。

　１９５９年ダライ・ラマ法王に対して軍の司令部から「法王のために演劇を行うからその観覧に来てほしい」との要請があったのです。「王の警備は我々がやるから警備はいらない」ということも告げられました。これがチベットの一般人にも伝わって、これは大変だという事になったんです。今までチベットの偉い坊さんたちが司令部に呼ばれて帰ってこない状況が続いていましたので、法王を拉致されたら大変だという事になって、3月10日にチベットの民衆が立ち上がったのです。法王もこれはどうにもならないとあきらめてインドに亡命しました。

彼らは琉球王国も自分たちに宗主権があったというし、尖閣諸島も自分たちのものだというのです。

ネルーとしてもそれまでチベットと中国の間に入って仲裁をしていたのですが、道義的責任を感じてはいたようでチベットの難民を受け入れるようになったのです。これら一連の出来事が中国のチベット侵略の始まりです。

これらの侵略に対してチベットのゲリラ活動は１９７２年まで続きましたが、60年代においてはアメリカＣＩＡの援助などがあったのです。

インドと中国の間には平和条約があったにもかかわらず１９６２年に中国がインドを侵略しました。インドもここにきてアメリカがチベットを助けたりすることを見て見ぬふりをするようになったのですね。この援助は１９７２年2月のニクソン訪中まで続きました。しかし70年代に入るとアメリカにとってはソ連が脅威になりましたから、それを牽制する意味で中国と組もうとなって、勢いチベットへの援助が終わってしまったんです。それ以来チベットのゲリラ活動は下火になっていきました。チベットは世界世論に訴えるしかないとなったわけですが、組織的な武力抵抗はなくなりました。

もっとも、ダライ・ラマ法王は聖職の方ですし、最初から今日までチベット問題に対してはあくまでも平和裏に解決するしかないとずっと言い続けています。チベット人に対しても中国に対して武力で抵抗することはいけないとおっしゃってきたんです。そういうわけで、国家元首であるダライ・ラマは宣戦布告しませんでした。ですから、チベットの抵抗勢力はゲリラという事になってしまった。私の個人的な意見としては、中国が侵略を開始した時、ダライ・ラマが「戦え！」って言ったらチベットの人たちは戦ったと思います。そうなると、ある程度は中国の侵略を止められたと思います。なぜかというとその時は道路も出来ていない、中国は内戦でヘトヘトになっている。軍のモラルも下がってきていた時期です。

木下　中国が侵攻していた時のチベットの軍事状況はどうなっていたのですか？武器とかはあったのですか？

ペマ　当時、国民は、みんな武器を持っていました。イギリス製が多かったけど、日本が戦争に負けた後は、日本軍が残していった武器が多くなった。ただ中国軍が機関銃を使っていたのに対して我々の武器は単発銃がほとんどで、手りゅう弾などもなかったので戦力としては圧倒的な差があったと思います。

その当時チベットには27万人のお坊さんがいました。朝から晩まで平和を祈っているのです。しかし、そんなひ弱な国がいくら平和を望んでもいざ他の国の軍隊が入ってきたら守れないですよ。これが現実です。ぼく個人からすると、お坊さんがいるのは悪いとは思いません。でも残念ながら、私の身に起きた事で解ったことは、平和を祈ることだけで国は守れないという事ですよ。

中国の虐殺とは

その後中国はアメリカ、日本、インド、その他世界中の国々と国交を結び始めた。世界は共産党の危うさには警戒しながら、いずれ経済が回り始めれば民主化するだろうという希望的観測の元、そのままにしておいたのです。そうしたら現在のような強暴な軍事大国になってしまった。中国がチベットに対してどういう事をやってきた事いう事ですが、１９７９年頃までに１２０万人のチベット人が犠牲になったという事はアムネスティ（※）をはじめ多くの国際機関が認めています。中国はこれに一回も反論していない。また国連の下部組織でＩＣＪ（国際司法裁判所）においても日本の田中耕太郎先生はじめ、世界の著名な弁護士、法律家が調査した結果、チベットに直接的、間接的、組織的大虐殺があったという判決を出した。

中国における大虐殺は１９６０年代に国際的機関がそういう判決、結論を出したのですよ。

木下　中国の侵攻時、チベットの人口はどれぐらいですか？

ペマ　その頃は６００万人ぐらい。世界人口がまだ20億くらいじゃない？　それを考えたら６００万というのは決して少なくない。本来であれば人口の面でも面積から言ってもチベットは自分たちで自給自足して平和に暮らすには全く問題がなかった。医学、占星術、仏教美術などが発達しており、中国が言うような未発達の野蛮な国でも民族ではなかったんです。むしろ、中国の歴代の皇帝においては満州の皇帝まではチベット仏教を信仰していましたから。昔はチベットと中国はお寺と檀家の関係でした。しかし、孫

「何とかに刃物」って言うでしょ。中国とかロシアみたいな国が拒否権を持っているということは！

※アムネスティ＝国際連合との協議資格をもつ非政府組織（ＮＧＯ）である。良心の囚人を支援、救済する運動がスタートではあるが、現在は良心の囚人関連以外にも国際法に則った難民の保護・救済活動や死刑の廃止・人権擁護などを啓発する運動を行っている。

文あたりになってから変わったのです。
　今まで中国は二十四回王朝を作った。そのたびに周りの野蛮な国から攻められ

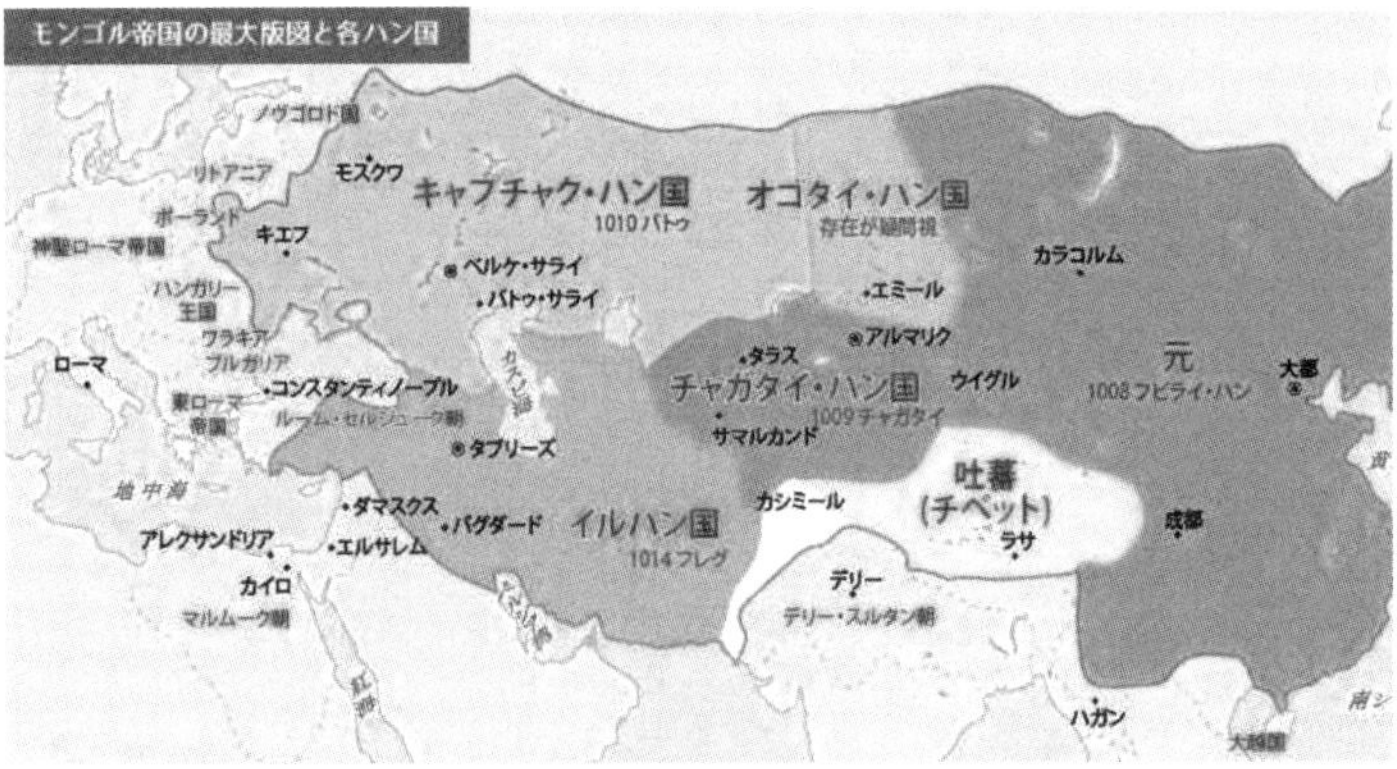

▲広大なモンゴル帝国の占領地域。この地図通りに行くとヨーロッパの一部も中国になる⁉

「言葉を奪う」という事は民族を抹殺、滅亡させるという事なのです！

て王朝は倒された。国民党の最初の目的は打倒満州です。満州の王朝を倒すことだったのです。とにかく周りの国が攻めてくるという幻想を持っているわけですからね。そういう恐怖心をもっているからこの際、中華連邦を作って周辺の国をそこに入れてしまおうと考えたのです。その発想は孫文から発生していますね。しかし実行はできなかった。蒋介石も時間がなくて出来なかった。毛沢東が力ずくで、やったという事です。ですから、領土拡張主義は中国の遺伝子です。その上彼らは琉球王国も自分たちに宗主権があったというし、尖閣諸島も自分たちのものだというのです。

　くしくも二〇二二年冬季北京オリンピックの開会式で、中国に暮らす56の民族が、中国国旗を手渡しでつないで掲揚台につなぐパフォーマンスを行いましたが、そこにチマチョゴリを来た朝鮮民族が入っていることに関して韓国と北朝鮮が反発したでしょ。中国の56民族の中には、ラオス、タイ、ベトナムにもたくさんいる民族が含まれているのですよ。

　現在プーチンがウクライナのロシア系民族を救うという名目でウクライナ侵攻していますが、その同じ論理で中国はそのうち、それらの国の民族を開放するという名目で侵攻していく可能性もあるのですよ。

　チベットに関して中国が言うには「チベットには農奴があった。農奴を開放しなければならない」と。我々は遊牧民ですよ。遊牧民は農奴ではないですよ。何

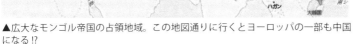

▲ニューヨークにある国連ビル。殆ど用をなさない⁉

もかも彼らが北京で書いた作文です。

とにかく日本の皆さんには、我々に起きていることに関しては同情もして欲しいし、理解していただきたいですが、日本自身がそうならないように我々の現状から学んで欲しいのです。

日本人の国連信仰

ペマ　私は１９７２年までは中国が国連に入りますようにと、毎朝祈っていました。何故かというと、それまで国連は三度チベット侵略に関しての非難決議をしていたんですけど、中国がメンバーではなかったから何の意味もなさなかった。もちろん、世界の世論に対しては意味があったと思いますが……。ただ中国が国連に入ったら、中国は拒否権を持っているからチベット問題などは門前払いですよ。だから私は大学２年生ぐらいから国連という制度に対してあまり大きな期待をしなくなりました。現実の政治というのはもっと違うという事を感じるようになったのです。日本では国連憲章といえば聖書のように思って過剰な期待をしているようですが、私は期待をしていません。私の個人的な見解ですが、物事というのは、60パーセントは現実主

私たちは無国籍になって初めて国家のありがたさを感じる事ができました！

アメリカの言いなりになって、アメリカの与えてくれたものに満足しているだけではダメですよ！

義で40パーセントは理想主義だと。理想を否定はしないけど、あくまでも現実的に問題意識を持たないとだめだと思います。現実を無視して理想を追うことは意味がないです。

木下　今の日本人は国連において日本が敵国条項から外れていないことを知らない。国連において日本は敵だという風に認識されています。それが条文の中に入っているわけですから。日本人はそういう事を知らないのに国連に過剰な期待をしている。役に立たないことを知らない。

ペマ　しかし私は国連が無意味だとは思わない。今回のようなパンデミックについてWHOは少し中国寄りになりすぎているけれども、ある程度世界を団結させて戦える。ユニセフやユネスコなどにおいても良い事をやっているとは思います。世界中の指導者たちが集まっていろいろな意見交換して人類共通の課題、私たちが今抱えている気候変動とか、自然環境、人口問題、こういう地球全体の問題に関しては国連の存在価値はある。

ただし、国連の一番の目標であった「二つの大戦の反省をして平和をもたらす」については、これは出来ていない。「平和を構築する」という事に関しては機能していない。なぜかというと、今の国連制度に欠陥があるのです。

これは言っちゃいかないことかもしれないけど「何とかに刃物」って言うでしょ。中国とかロシアみたいな国が拒否権を持っているということは、そういう事だと思います。

民族を抹殺するやり方

ペマ　現在、ウイグル、チベット、モンゴルで起こっている事の一番の問題は、ひとつの民族が他民族によって支配されているという事。つまり我々の土地に他の民族が入ってきて色々と指図をしているという事です。

また、どの民族もそうですけど、民族っていうのはお母さんの「へその緒」でつながっているんです。私は十年前に帰化して国籍が日本人になりました。一生懸命日本人になろうとしますけどやはり感覚的に違う部分があるのです。それは子供の時から持っているものですからね。先祖代々お母さんの「へその緒」から栄養もらって生きてきた。それが民族性というものでしょ。

その民族性の母体となっているものに母国語というものがあるんですよ。例えば英語で日本語に訳せないものはたくさんある。逆に日本語で英語に訳せないものもたくさんある。チベットにおいては

「魚」はみんな「魚」ですよ。一つしか言葉がない。でも日本においては「魚」に関する名前は沢山あるでしょ。同じ種類の魚でも幼魚の時の名前と成魚になった時の名前が違うこともある。しかし私たちは「羊」や「馬」に関しては沢山名前がある。その違いを表す言葉が沢山あるんですよ。これが民族における文化でありアイデンティティーです。

だから「言葉を奪う」という事は民族を抹殺、滅亡させるという事なのです。チベットの文化はある意味で人類の財産だと思うんですよ。チベットにしかない様々な知識、仏教をはじめとする様々な文化。これはチベット人だけに役に立つものだけではない、人類の役に立つものが沢山ある。日本の文化の中にも人類が共有すべきものが沢山ありますよ。それを抹殺しようとしている。消滅させようとしている状況がある。それなのに高みの見物をしていることは残念だなと思いますよ。

今、現在の段階でも多くのチベット人が拘束され続けています。まず自分たちのお寺にお参りに行ったら逮捕されます。ダライ・ラマの写真を持っているだけで捕まります。

道路の標識は今、全部中国語に変えられました。「チベット」という言葉も使ってはならない。チベット語を使うなと統制しようとしているわけです。自分たちの存在、尊厳を奪われる事は本当につらいことですよ。

中国自身も過去の歴史において、自分たちもそのような侵略を受けたことがあるのです。それは彼らにとっても屈辱にほかなりませんが、今、中国は我々に対して毎日その屈辱を与えているわけですよ。その辺の事に世界の人たちが関心を持っていただきたい。

また中国も世界の一員として、また大国として存在したいのなら、責任ある行動をとるようにと世界から圧力をかけることは重要ですね。


今の人間は脆くなってしまいました。それは社会が脆くしてしまったのです。精神的に弱くするような社会環境があります。

日本人の国家観がない

木下　日本は軍隊もない、国連で影響力もない。お金は出していますがどこも相手しない。先ほど先生がおっしゃったように祈ることも重要だけど、日本人は祈ることもしない。もう何も考えてない。

ペマ　国家観がないですね。私たちは無国籍になって初めて国家のありがたさを感じる事ができました。私は亡命して40年間無国籍でした。10年前に日本に帰化して国籍を取りましたが、まず無国籍であるという事がどういう事かというと、どこにも行けないのです。例えばどこかで国際会議がある、ビザ取るには本国に申請書を出して書類を送ってもらわなくてはならない。そうなると、出かけられるようになるまでのタイミングの時はもう会議が終わっているとかよくあります。

また、ほとんどの国は難民がそのまま入国して居座られたら困るから受け入れてくれません。こういう事を味わってない限り、国家というものに保護を受けている実感はないと思いますよ。

日本のパスポートが世界で一番盗まれるのは、ある程度日本は豊かで、日本人は外国に居座ることがないだろうという前提があるからという事と、その信用を元に世界中どこにでも簡単に移動できるパスポートだからです。そういうことを日本の一般の人たちは解ってない。

それは今まで先輩たちが苦労して汗を流して、場合によっては血も流して獲得して守ってきた日本という国があったおかげで今、日本人は世界のどこに行っても困らないようになっている。やっぱり、国を失ってみないとわからないことだと思います。国がいかにありがたいかという事をわかってもらいたい。

今、私が一日本国民としてできることは、もし日本が外国から侵略されたら日本人として戦うという事。もうひとつはちゃんと税金を納めるという事。あるいは私の仕事として、自分にできること。「教育」を一生懸命やること。私は日本が好きで、日本を選んだのです。

若い人たちに伝えなければならないこと

ペマ　私個人の考えですが、人間は、約70億人の人類の一人として地球に生まれ、息を引き取るまでの人生というものの中で尊厳を保って生きるという事、これが人権の尊重ですよ。

民族には民族の自決権、国家には国家の主権がある。今、中国は個人の人権を無視している。民族の自決権を無視している。国家の主権でさえも無視している。その辺のことを考えることが大切です。

日本人の中にはたまに「宇宙人」みたいな人だなって思う人がいます。「人類兄弟愛」だって言って。確かに人類はみな兄弟ですよ。誰でも怪我をすれば赤い血が出るし、悲しいときは泣くし、嬉しい時は笑うし。そういう意味では人類兄弟というのは大賛成です。だけれども相手がそう思ってくれなかったらどうにもならないですよ。

木下　性善説と性悪説の違いですね。

ペマ　その辺を日本の皆さん、特に若い方たちに考えてもらいたい。ただそれも我々の年齢の人たちの責任もあります。若い人たちに何を教えているのか？　どういうものを見せているのか？　先の戦争に関しても日本人は振り子が右に行ったり左に行ったりするときに、どちらも行き過ぎるのです。極端に転がる。また流行りのものでも、皆はその時は関心を持つけど、以前のことをすぐ忘れてしまいます。先の戦争を少し知っている我々が何を教え、何を知らせるのか？　アメリカは輝いていた時期が確かにありますよ。でも今、もうその輝きはないです。アメリカの言いなりになって、アメリカの与えてくれたものに満足しているだけではダメですよ。

習近平がやっている事で私が唯一共鳴するのは、西洋文明を無秩序に受け入れないという事ですね。なるほどと。敵でもね、良い事やれば良いと言わざるを得ないです（笑）。

木下　それは漢民族の文化を守る上ではそういう措置をとるしかないでしょうね。まあ一番守りたいのは共産党でしょうけど。守るという事を主体に置けばどうしても排除すべきところは排除すると。防衛本能ですね。我々の上の年代は下の世代の人間にある意味責任を持たなければならないですね。私のやっている「日本再生ＴＶ」は主張できるものは主張して「記憶」を「記録」するという事でもあります。「記録」というのは大事ですよ。

かつての日本人にあった義理人情

ペマ　１９４５年以前に生まれた日本人の人たちは苦労もしたし精神的にも強い。１９４５年以降に生まれた人は、私が思うに、国家観がないし、何よりも他人に無関心ですね。私が日本に来たときは、赤の他人の隣人が本当に親切にしてくれました。何かおいしいものがあったら「お裾分け」してくれた。特に私たちは留学生ですから「日本の食べ物食べたことありますか？」なんてね、逆に鬱陶

▲ペマ先生との対談は「日本再生 TV」でも見ることができます。

しいくらい気にかけてくれて、関心を持ってくれますよ。まあその当時、外国人の留学生が少なくて珍しかったからかもしれないですが、私はとってもいい時代に日本に来たなと、今になっても思いますよ。

木下　その頃はまだ義理人情の世界が残っていたのですね。今は何も残ってない。我々世代が伝えてないからそういうことになっているのかもしれませんが。

ペマ　義理人情というと古臭いと思っているけど、どの民族にもそのような精神はあるんですよ、武士道的な精神は。それは大切なことだと思います。

私は日本に来たばかりの頃、漢字が書けませんでした。書き順も分からない。絵を見て写すような感じで漢字を覚えていました。それを日本の友達がみんな支援してくれて、助けてくれた。風邪をひいて休んだら「今日はここまで勉強した。宿題はこれだよ」って家にわざわざ寄って教えてくれた。

一方、これは今だとイジメになってしまうのかもしれませんが結構からかわれたりしました。あの頃は友達同士であだ名をつけたりして、私のあだ名は「出目金」です。でも「出目金」と言っても私の体の特徴の一つで、相手からは覚えやすいでしょ？　また、私が掃除していた時に、私が鈍いから後ろから蹴飛ばされたことがある。今度は私が砲丸投げやっている時に、当たらないようにですけど、そいつに向かって投げた事があります(笑)。でもね、そいつとは今でも付き合っている。あれから50年以上たった今でも年末になると一杯やっています。そうやってお互いに関心を持って付き合っていく社会がありました。でも今の人間関係は脆くなってしまいました。それは社会が脆くしてしまったのです。精神的に弱くするような社会環境があります。これは「日本再生」のためには変えていかないとならないですね。

ある外国人が言っていましたが、日本人はどこで人間関係を勉強しているのかというと「クラブ活動」だっていうんですよ。「クラブ活動」の中で先輩後輩の関係を勉強したり、本当の友達を作ったり、連帯感を持ったり。そういう部分は評価できると思います。先輩後輩の中でもイジメというものも確かにあるかもしれないけど、それが本当にイジメなのか？　やり過ぎはいけないけれども良い面もたくさんありますよ。社会勉強ですよ。私はイジメもひとつの愛情表現という面があるのではないかと思います。

木下　昔の地域文化では子供会とか青年会とかいろいろありましたけど、地方から都会までそういう集まり自体が衰退していることは事実だと思います。直接会ってコミュニケーションを取るという事が非常に難しくなっている。ある意味、「無関心」「無責任」「無気力」という「三無主義」がどんどん広がってきている。この現状を変えないといけないし、それはやはり教育だと思いますね。

ペマ　その教育ですけどね、学校の先生に教育させる権利を与えてないですよ。本当に先生たちも胃が痛くなるぐらい教える時に気を付けなければならないですよ。本来なら学生はみんな生まれつき違います。色々なパーソナリティーや事情があります。ある学生は残して先生が個別に教えたりする必要があるだろうし、ある学生には「頑張れ！」って発破かけることも必要かもしれない。でも今それが出来ないでしょ。特定の学生を贔屓しているとか、パワハラだとか。

木下　社会が中途半端に干渉する。干渉しなくてもいいところまで干渉する。先生の権限はないし、尊敬もされない。今後「教育」に関しても日本再生の鍵ですからいろいろ考えてそれを実行に移していかないとと思っています。ペマ先生、本日はありがとうございました。

ペマ・ギャルポ先生の近著
『中国が仕掛ける東アジア大戦争』
（ハート出版）

▼沖本会長は日本再生TV内での「巌の会チャンネル」で定期的に動画を配信してます！

実践を持って存在しうる民間防衛組織

『巌の会』とは
ーいわおのかいー
何か？

政治家の姿勢を正すようなことを発信したほうが良い！　沖本

現在アメリカの飼い犬、将来中国の占領地、こんな事でいいのか日本！日本人!?　覚悟のない腰抜け政治家や詐欺的ネットワーク販売のエセ保守、頭の中お花畑のポリコレ野郎ども！国土、国益、国民の安全を外国に売り飛ばして私腹を肥やす奸族！もう無理！もう駄目！もう限界！機は熟した。我々はここにおいて救国の会を結成せざるを得なかった！巌の会・会長に聞く、会の目指すものと今後！

〈会長〉**沖本 馨**（おきもと かおる）
昭和32年7月28日生 宮崎県宮崎市出身
武道家 法学士。巌の会初代会長。

聞き手◎川保天骨
2021年11月30日東京代々木 巌の会事務所にて

政治家は世間の常識から外れてんだよ！

川保　沖本会長としては、この巌の会はどのような活動をしていこうと思われてますか？

沖本　俺は暫定的には会長にはなるよと天骨君とも話したんだけどね。今はまだ会が出来たばかりで弱小集団だけど、今後徐々に人を集めて大きな力になるようにしたい。

それで今後の方針だけれども、今やらねばならないというのは行政改革ですね。国民の税金を「打ち出の小槌」みたいに考えてるんだ、今の政治家っていうのは。ああいう連中はお金に困ったことのないボンボンみたいなのがやってるんだよ。金の苦労っていうのが解らないんだね、あれは。そんなのが多いんだよ。それから政治家はとにかく不祥事が多い。やっぱり世間の常識から外れてんだよ。そういう輩を取り締まっていかないと駄目だと思います。

　条例とかも国民目線にしていかないとギリシャと同じになってしまうよ。ギリシャは納税者よりも税金で飯食う人間が多くなったから破綻したでしょ。日本はアメリカの三分の一ぐらいの人口なのに国会議員だけ二倍いる。そしてイギリスなんか無報酬の政治家とかもいるのに日本は皆高額報酬でしょ。

川保　国政選挙出るにも供託金が高いですよね。300万とかですもんね。わざと政治に参加する敷居を高くしてると思いますね。ただ、売名などで出るふざけた奴もたくさんいるから仕方ないのかもしれないですが……。金払ったら好きなこと言って良いのかって？　モラルの問題ですよ。なんか幼い。民主主義の履き違いじゃないですか？

沖本　俺は論客なんかには向かないタイプだから、巌の会とかには論客がどんどん入ってきて、そういう政治家の姿勢を正すようなことを発信したほうが良いと思うのよね。日本の国民は大人しすぎるよ。

言いたいことはちゃんと言え！

　1986年宮沢が官房長官の時に「近隣諸国条項」という規定を作ったのよ。それは何かというとね、中国や韓国が嫌がるような話は政治家やマスコミはしちゃいかんと。出来るだけしないでくれという、そういう条例を作ってるんだよね。それが未だに生きてるわけよ。何でこれだけ何兆円という金を日本がＯＤＡで出してあげて中国の発展に貢献し経済大国にして逆恨みされなくちゃならないんだよ。韓国もそうですよ。何で俺たちは我慢して、遠慮しながら中国、韓国に対応してるんだ？「中国、韓国が眉をひそめるようなことを言っちゃいけない」とか、ふざけたこと言ってんじゃないよと思うよね。

　日本は元々侍国家だから、人に恩を着せるっていう事を潔しとしないんだけれども中国とか韓国がここまで言ってくるんだったらね、お前たちがここまでになったのは日本のおかげだろうと恩を着せるぐらいのことを言う、そういう気概を持つ必要があると思うよ。おこがましいとか言ってる場合じゃないだろうよ。

川保　忖度《そんたく》し過ぎですよね。特に中国と韓国には。国として、日本人として言いたいこと言えって思うんですけど、この二カ国に関しては奥歯に物が挟まったよ

選挙の時だけ耳障りの良いことばかり言ってんじゃないよと思います！　天骨

知的財産を持ち帰られて、中国はどんどん技術開発して国力つけて日本を軍事でも脅してきてるでしょ？　沖本

うな感じで…。言いたいこと言ってぶつかり合わないと、向こうも信じてくれないし、国としても認めてくれないじゃないですか。経済界の圧力とか、そんな商売人の言うことばかり聞いてたら舐めれっ放しですわ。政治家はもっと己の信念に従って正々堂々としてもらいたい。選挙の時だけ耳障りの良いことばかり言ってんじゃないよと思いますよ。

政治家は腰抜けばかりか？

沖本　日本の大学生についてもね、授業料や教科書代やら自分でバイトして稼いで買わなくちゃならない学生がゴマンといるんですよ。でもね、中国とかね、100人ぐらいの学生を留学させて38万から40万円もの金を日本からもらうんですよ。学費から家賃から生活費から全部日本持ちですよ。我々の税金から出てるんだよ！　なんで日本の学生がバイトして必死こいて働いた金で学費やら生活費やらを払って、中国の学生は日本の税金でのうのうとしてるわけ？　それで学んだ成果は全部ダウンロードして持ち帰るんだろ？スパイじゃないか！　俺はこの事を10年前から言ってる。やっと最近問題になってきたの。おかしいって。先進国に自分の国の若者を留学で出すんだったら、その当時国が国費から金を出して行かせるのが筋でしょ。日本人がアメリカとかオーストラリアとかに留学させる時は親が出すでしょう？　中国に関しては何で日本が出すのよ?知的財産を持ち帰られて、中国はどんどん技術開発して国力つけて日本を軍事でも脅してきてるでしょ？　おかしいじゃないか？日本は何やってんだ？　尖閣諸島でも竹島でも日本の政治家は指を咥えて見てるだけで、何もできないじゃないか！　政治家は腰抜けばかりか？

川保　利権とか権益の事ばかり考えてる政治家は国を滅ぼしますね。そんな政治家はいらないですよ。簡単に言ってしまうと、アメリカも中国も日本に強くなってもらったら困るんですよね。アメリカからすると日本はいつまでも属国であってコントロールし続けたいし、中国はいつまでも頭下げ続けろと。

沖本　日本の学生が留学先とかで中国や韓国の学生に蹴り入れられて、「お前ら何も反省してない」とか言われるんだよ。それで日本の学生は何の反論もできない。それはそうだろ、反論できるような教育をされてないんだから。

政治家が弱いから日本は全部言いなりです！

沖本　北海道とかきれいな水出る所はほ

とんど中国人が抑えてるよ。銀座なんかも三割か四割は中国人とか台湾人の所有権。一万坪以上の太陽光パネルも最終的にはA社という中国企業。最初は日本企業に買わせて、全部出来上がった後に中国資本が買い取るという流れになってる。

川保　中国って大陸じゃないですか。今までの歴史でも色々な民族がその都度国を興して戦って相手を全滅させて政権入れ替えとか、そういう事を繰り返してますよね。拡張していかなくてはならないっていう遺伝子っていうんですか？　そういう性分なんじゃないですかね？　とにかく、周りを手当たりしだいにどんどん侵略していって自分の物にしていくという。日本人はその感覚が薄いでしょ。

　戦前、日本人は富国強兵って言ってたぐらいですから国力、軍事力、そして徹底的なストイシズム。とにかく何に対しても研究熱心で努力家、創意工夫するような国民性を持ってるものだから、ある意味存在感ありますよね。今まで世界は白人の世の中だったわけですが、そこにいきなり「鎖国解いたばかりの国が最強！」みたいな感じになったわけですから。それが戦後GHQのWGIP（※）で全部間違ってたという事を教育されて骨抜きにされた。日本が弱くなったら中国とかはそういう事を敏感に感じ取りますからすぐやってきますよ。攻めてくるの当たり前ですよ。中国はそういう蓋然《がいぜん》性《せい》を持ってるんだから仕方ないじゃないですか？　このまま行くと陰謀論とかではなく、我々の孫あたりには、リアルに侵略されてると思います。それでも誰も文句言わないような日本人に仕上げられてる。考えると気が遠くなりそうですけど……。今、目覚めないと本当にまずいという思いがあって私もこのような社会活動をやらざるを得なくて。

沖本　反日のオバちゃん達が「憲法九条のおかげで戦争がなく日本は平和が守られてきた」とか言ってるじゃない。バカ言ってんじゃないよ。北朝鮮の拉致問題とかも、あれは日本の領土に侵入して国民を拉致してるわけでしょ？　これはもう戦争なんだよね。それ日本国民に対する攻撃でしょ。

　中国だとウイグルとかチベットとかでやってる人権蹂躙の問題なんかもあるじゃない。そんな国からは日本企業は撤退しろよって思うけど、できないんだよね。中国政府が出させてくれない。企業は脅かされて現地で続けていかなくてはならない状況なんだよ。でもイギリスとかアメリカは強いから、撤退しろって言ったら全部撤退させるわけ。日本はそれができないの。政治家が弱いから。とにかく中国に進出する日本企業はパテン

このまま行くと陰謀論とかではなく、我々の孫あたりには、リアルに侵略されてると思います！　天骨

憲法守るって本来は保守なんだよね。しかし日本は逆でしょ！　沖本

▲巌の会主催の日本自主独立の勉強会。定期的に勉強会を開催しています。

トや特許なんかを行政に報告しないと土地も貸してもらえない。人員も募集をさせないという縛りをつけてるわけですよ。何でそういう事を政治家が公にしないんだろうか。

※ＷＧＩＰ（ウォー・ギルド・インフォメーション・プログラム）とは、大東亜戦争後の昭和20（１９４５）年からサンフランシスコ講和条約発効によって日本が主権回復を果たした昭和27年までの7年間の占領期間に、連合国軍最高司令官総司令部（ＧＨＱ）が占領政策として行った、戦争への罪悪感を日本人の心に植えつける宣伝計画です。

自衛隊が国を守ってるという認識が国民に浸透していない。

沖本　自衛隊なんかもトイレットペーパーでさえ自腹で買うような状態で金が無いでしょ。予算をＧＮＰの1.5％にするとか２％にするとか並べてるけど、予算を組んだだけでは駄目です。人員がいないんだから。海上自衛隊の観艦式とか陸上自衛隊の観閲式とか、そういうのは一般人に見てもらうのもいいけど、中学生高校生を招待して見せるべきだと俺は思う。ああいう規律正しい行進している姿とか見せてね、「この人達が国を守ってるんだよ」と。「九条の紙っ切れじゃないんだよ」と。「自衛隊が日本を守ってるんだよ」というのを子供達や若い人達にしっかり見せないと。ああいう規律正しさに憧れて自衛隊員になる子も増えると思うんですよ。また修学旅行で万里の長城とかソウルとかそんな所じゃなくて、鹿児島の知覧に行かせろよと。同じぐらいの年代の青年が特攻機乗って相手に突っ込んで行った時、お父さんとかお母さんに残していった遺書。あの文筆なんか、17～18歳ぐらいの子たちが書いたとは思えないぐらいの立派なものですよ。そういうのを見せて解らせないと駄目ですよ。君たちはパソコンだのスマホだの見ながらノホホンと暮らしてるけれども、こういう人たちの犠牲が有ったから今の日本があるんだよと教えなくちゃならない。

鎌倉新聞の理事長が怒ってましたけ

ど、ある小学校四年生の男の子のお父さんが陸上自衛隊なんですよ。その子の先生が「あなたのお父さんはね、法律違反の仕事をしてるんだよ。そういう仕事に就いてるんだよ」って。こういう事言う先生がいっぱいいるんですよ。これはね、日教組の影響もあるんだろうけど。幸い10年ぐらい前に比べると最近は半分ぐらいに減ってるらしいけどね。今の若い先生は日教組の馬鹿らしさっていうのが解って入らないのか、そういうのが鬱陶しいから入らないのか、それはわからないんだけどね。

川保　でもそういう人とか増えてるんじゃないですか？「自衛隊の訓練するな」とかデモしたり「人殺し」とかってプラカード持ってたりするオバサンとかが。

沖本　自衛隊員が杉並区役所に戦闘服のままこのチラシ貼ってくださいって持っていったら、ある杉並区民から「あんな戦闘服着てこられたら皆びっくりするから、来るんなら着替えて来いって言え」って役所に苦情入れられたわけですよ。そんな事言わせるようじゃ世紀末じゃコリャ！

川保　国家自体が自衛隊を軍隊として認めてない。自衛隊が国を守ってるという認識が国民に浸透していない。いろいろな要素があると思いますが、それにしても異常な国ですよ。軍事とかに関してのアレルギーが異常。「頭の中お花畑」って言うじゃないですか。そういうの増えてますよ。

　私、以前、三笠公園で戦艦三笠の前で自分のポートレート撮ってそれをSNSに載せたんですけど、「軍艦の前で撮ってる、天骨お前は軍国主義者か？　俺はLOVE&PEACE！」と、かつて音楽関係で付き合いがあった「大地のうねり系人間」からメールが来ましてね。唖然としました。「バカか？　もう少し勉強しろよ！　お前のラブとピース誰がキープしてると思っとるんか？　正しい歴史認識、正確な国際関係把握しろよ」って思いましたもん。こういう輩は左翼でもリベラルでもなく、単なる無知の思考停止。何がラブ&ピースじゃ！って思うんですよ。

　身近にもそういう人間がいて、左巻きの魔の手が忍び寄ってる恐怖を覚えましたね。しかし思うのは右の人と左の人、この軍事力についての認識は一生埋まらない深い溝があるんでしょうね。

沖本　憲法を守るって本来は保守なんだよね。しかし日本は逆でしょ。日本の場合は日本共産党が言ってるんだよ、守れって。憲法変えたいと言うのはどこの国でも左翼が言う事であって、それを日本では保守の立場の自民党がそれを言っ

政治家の世襲、どうにかならないか？　このままいくと十世、二十世、百世議員！

保守をかたって「妙な水」とか売るようなネットワーク販売の人間がいるな！●●隊には気を付けよう！

てるわけで、おかしな国だなって思うこともあるんだよね。

川保　日本共産党は最初、憲法改正だったんですよね？

沖本　昭和22年に日本国憲法を新しくする時に、日本共産党が詰め寄ったんだから。「なんでこんなアメリカが作ったような憲法を後生大事にするようなことをするんだ！　なんでアメリカに協力するんだ！」って散々騒いだのよ。それが今じゃ真逆でしょ？「憲法守れ」ってね！

川保　なんか、状況が変わったんでしょうね（笑）。それにしても、何で現実を見ようとしないんですかね、そういう人たちは。そんなファンタジーある訳ないんですよ。軍隊持たない国家なんてコスタリカぐらいでしょ？　現実的に。

沖本　この前、反日の婦人会の婆さんたちがさ、「スイスを見なさいよ、スイスは永世中立国という事を世界に宣言してるでしょ？　だから戦争に巻き込まれないんだ」って言ってんだよ。「何言ってんだよ、スイスはヨーロッパではトップクラスの空軍基地を持ってるんだぞ！」って言ってやったよ。

川保　スイスは基本的に「周りが敵」ですからね。自国以外全部敵。自国の領域に入った軍用機は全部撃ち落とすってことですから。ある意味軍事大国です。当たり前ですよね。中立を守るっていうのは強力な軍事力ありきで出来ることですからね。

沖本　北欧の国とかは空軍に関しては開発とか装備はものすごくお金をかけてるわけですよ。安全保障上の問題をちゃんと理解している。そういう事を何で知らないのかって思うよ、婆さんたちは。

川保　洗脳されやすいんじゃないですか？　そういう世代は。思うんですが右翼系、保守の人たちは感情的なことしか言わない場合が多いじゃないですか？　左翼は「戦争反対」とか「生命第一主義」とかそういう『絶対善』みたいなものを振りかざして集団で連携取ってやってくる。誰もが反対できないような部分を突いて来る。どちらかというと左翼系のほうが知能的で効率的だと思うんですよね。それに比べて右翼側の言論って解りにくいんですよ。主張してることそのものが抽象的なことが多い。それから保守系はよく仲間割れするじゃないですか？

沖本　いまいちピンとこないな事ばっかり言って「グサッ」って突き刺さるようなこと一言も言わないんだからね。

危機を作り出して脅してネットワーク販売に結びつける国賊ども

川保　あと最悪なのは保守を騙って「中

共が攻めてくる！　ドローンでコロナウイルスとか狂犬病、エイズウイルスを撒いてる！」とか危機を煽って違法薬物売り始めたりするネットワーク販売集団、詐欺集団が現れたり。エセ保守は相当いると思いますよ。とにかく保守系はボロボロです。これは由々しき事態だと思うんですね。

沖本　はっきり言ってね「コロナに効くよ」とか有りもしないような話で人を誘ってね二万も三万も巻き上げるような、そういう組織は絶対続かないから。

川保　というか、逮捕されてもいいと思うんですが。騙される人が今後増えていくのが心配ですね。みんな国民がコロナで弱っちゃってるから何かにすがりたいんでしょう？　そこをうまく突いてるんですよ。

沖本　他力本願っていうんですけど、日本人は自身が壁にぶつかった時に自分の力でぶち破ってやろうと言う人が今少ないんじゃないの。誰かに頼ろうとする。似た考え方をする人たちが寄り添って一緒に進んでいこうと。そういう弱い人の層を捕まえようとしてるんだね。ある意味宗教と同じ構造だね。とにかく自立してない人が多いから。

川保　まあ、国自体がそうですもんね。

沖本　国家じゃないよ、この国は。だって自分の国を自分で護れないんだから。

川保　アメリカ様に守って頂いてるっていう。子分、妾、飼い犬。なんでも良いですけどそれで良いんですかね？　言いたいことは何も言わずに大人しく飼われてる。

沖本　日本というのは、白人至上主義の時代に唯一立ち上がった東洋人じゃないですか。明治生まれの男も女も気骨があった。政治家も立派だった。アメリカ人でさえね「昔の日本人は素晴らしかった、怖かった」と。今は牙抜かれたようなもんだよ。日本人なんてウサギみたいなものだ。

大久保利通でも西郷隆盛でもね、チャンバラとか殴り合いの喧嘩とか子供の頃やってるわけですよ。そういう連中が立て直したんでしょ日本を。今の政治家なんかさ、ボンボンでさ、色が白くて肌がスベスベしててさ、美味いもんばっかり食ってさ。生まれてからなんにも苦労したことないような二世、三世がふんぞり返ってるだけ。そんなんばっかりじゃないか。

川保　二世、三世議員がこんなに多くて大丈夫なんですかね？　そのうち五世、六世とかになるんですよね。怖いですわ。

日本は犬歯がないんだもの。

沖本　この前ニュースで見たんだけど、

日本にちょっかい出すと倍返し来るからヤバイよ！と思わせる国にしないと！

『真武士道』というテーマは、ある意味その『日本精神の真髄』とはなにか？という問いかけ。

先進国でアンケート取った結果をやってたんですよ。どんなアンケートかっていうと、その国民が『政治』と『国防』の話を日常においてどれだけ話しているかっていうものなんだけど、日本は最下位だったね。17%ぐらい。韓国とか中国は五割越してるわけですよ。日本人は組合の集まりだとか同窓会、その他色々な集まりに参加した時に話すことは政治とか国防の話はないね。だいたいゴルフの話とか、誰かが離婚したとかね、下らない話ばっかしてるんだよ、いかにも大事な話みたいにさ。俺がそういう所で政治的な話をしようとしたら「沖本さん、まあせっかく楽しい場なんだからそういう難しい話はやめましょう…」って必ずなるんだよ。この国はとにかく情けない。

川保　そうですね、私が関係している武道の寄り集まりでさえ政治系の話は出ないですね。

沖本　俺はね、誤解を恐れずに言うと北朝鮮はエライと思いますよ。まあ拉致は良くないけど。なんだかんだって言ってもね、アメリカと対等に話してるじゃないですか。日本は中国を介してしか北朝鮮とロクに話せないんだよ。北朝鮮はまだ「牙」が残ってる。犬歯があるんだよ。日本は犬歯がないんだもの。「牙」を抜かれた犬だよ。ポチみたいになっちゃてるから。そこを変えて行かないと！　強い国家、強い人種に戻さないとならない。国防だってね「日本にちょっかい出すと倍返し来るからヤバイよ」と思わせるような国にしておいて、それから外交やらせるようにしないと。

　この前、ある政治家と話していて言ってやったんだけど「先生、日本の政治家っていうのは度胸がないんじゃないですか？」って。そしたらその政治家が「それは確かにその通りだ！」って言ったの。気骨のある人間が政治家にならないとこの国は駄目になる。だいたい、日本の周りの国の政治家なんてみんな軍隊経験者だよ。戦争行って人殺してるような奴らですよ。そういう奴らが政治家になって政治、外交やってるんだから。太刀打ち出来るわけがないじゃない、日本の政治家ボンボン連中が。相手の顔とか目をちゃんと見て話をしろよって思うよ。

日本における天皇の存在は大いに関係ありますね。

沖本　天皇を中心にして2800年保ったっていう国は世界広しと言えども日本だけですからね。どこの国にも王室って言うものがある。ただ外国の王室というのは民からものを搾取して裕福に贅沢三昧やった王室だけれども、日本の場合は違う。神武天皇なんかも丘の上に登って村を見ると煙が全然出てないと。不況だから食べ物がないと。それじゃあ俺たちも食べ物を我慢しようと。そういう伝説がある。そういうものが日本の天皇家だったんですよ。イギリスだのノルウェーだとか帝政ロシアとかそういう国の王室とは全く違うんだ。

川保　西洋と日本の構造的な違いの決定的な部分かもしれませんね。この本で追及している『真武士道』というテーマは、ある意味その『日本精神の真髄』とはなにか？　という問いかけに対しての研究をしていこうという意図がありまして、この日本における天皇の存在は大いに関係ありますね。

大人を舐めてるんですよね。子供たちが。

沖本　弁護士とか会計士とか税理士なんていう職業の『士』という文字。あれは侍なんだよね。「もののふ」の武士のことだよ。武士とは何か一言でというと「自分以外の何ものかに己の命をかけられる人間」のことなんだよ。それを武士っていうんだ。それが『日本精神の真髄』なんだよね。それじゃあ誰のために命をかけるか？　家族でも友人でもいいし、子供の為でもいいし、先生のためでもいい。色々その個人によって、かけるものの違いはあると思うけど。今の日本人は「自分が！　自分が！」の個人主義が強すぎて他人のために自分を犠牲にしようというのがいないわけですよ。俺はやっぱり人間として「誰のために命をかけられるのか」を常に自問自答すべきだと思う。『巌の会』でも、俺はなんかあった時は命張る覚悟はしてる。そういう気持ちはあるよ。伊達に格好つけるためにやってるわけじゃないから。

川保　そうですね。『巌の会』はどんどん具体化していかなくてはならないとは思うのですが、急激に人員を集めたりすると色々な弊害がありますからね。どっかの詐欺団体とかは急速に人集まったなと思ったら、ほとんどがネットワーク販売の人間だったという事がありましたしね。『巌の会』は慎重に人を集めていければと思います。

沖本　今、大阪でアマチュアプロレス団体が飲み屋街を歩いて呼び込とか暴力バーとかを取り締まるために見廻りしてるでしょ？　そういうのも日本は今後必要になってくるよ。新宿の歌舞伎町なんかでもね、酔っ払った女の子をきちんと電車に乗せてあげるとかさ。薬売ってる外国人を取り締まるとかさ。警察の手が届かないところは沢山あるんだよ。

川保　確かにそういう見廻りとかの活動は色々な要望がありますね。外国人労働

舐めたガキ、若者、学生をビシビシ取り締まらないと日本の国は締まらないですよ！

武士道って何だろうって考えると、それは究極のダンディズム！　カッコよさ！　生き様の美！

者が増えてきて、治安が悪化してきたという町とかもありますからね。

沖本　俺の住んでる町でも高校生かな、駅のホームでタバコ吸ってるんだよ。中には学生服着た女の子もいたよ。俺、頭きちゃってさ。全部タバコ取り上げて

▲巌の会パーカーを着た幹部の人たち。平均年齢 50 歳。

ドッキ回してね、男とかにも「出せタバコ、この野郎！」ってね。「俺はタバコ吸うなとは言わない。隠れて吸えっ！」て言ったの。「お前ら大人の前で堂々と吸ってるんじゃねぇ、俺みたいな大人もいるんだぞ！」と。「ふざけんじゃねぇ、舐めてんじゃねぇぞこの野郎！」ってね。売店のおばちゃんがね「沖本さんのおかげでタバコ吸う高校生がいなくなったよ」って感謝されたよ（笑）。

川保　大人を舐めてるんですよね。子供たちが。怒らない大人ばかりだから。

沖本　この前、混んでる電車の中で足組んでる奴がいたの。ちょっとカバンでドツいたら「暴行罪だ！」ってパトカーに乗せられて警察署まで連行されたんですよ。警察が「調書にサインしろ」って言うから「何で俺がサインしなければならんか！」と答えたら警察が「沖本さんの言ってることも分かる。でもね、今、日本は法律でね、指でちょっとつついただけでも暴行罪が成立するんですよ」って言うわけですよ。「法律法律ってアンタ達は言うけど全部法律か？　おかしいじゃねぇか！　マナーのある人間がマナーのない人間を注意して、マナーのある人間に前科が付くのか？　あいつは大手振って出ていくんだろ」って。「俺はカバンでちょっと小突いただけだぞ。足組んでたら誰も座れないじゃないか常識がないだろ。注意するの当たり前だろ！」って取調室ででっかい声でがなり上げてたんですよ。「もしこれで俺に前科ついたら、あいつのヤサ（自宅のこと）見つけて半殺しにするからな」って「カバンでドツいただけで前科者になるんだったら、ボコボコにしたほうがまだいいじゃないか！　また別の事件起こしてやるから、楽しみにしとけ」って言ったの。警部とか警部補とかがゾロゾロ出

てきたよ。その後、担当の警部が相手の所に行って30分ぐらいしたら帰ってくるわけ。「取り下げましたよ」って。

川保　いや～、会長、とことんやるタイプですね。久々に痛快な大人の男を見た気分です。私の故郷の北九州だと結構そういう大人がいたような気もしますが。東京も負けてないですね。舐めたガキ、若者、学生をビシビシ取り締まらないと日本の国は締まらないですよ！　今、日本に足りないのは「おっかない大人」なんです！

沖本　駅員さんもね「お客さんみたいに注意する人がもう今の時代いない」って。駅員さんにも食って掛かってくる奴が一杯いるんだって。スマホ見ながらぶつかったって「すみません」も言わないでしょ？　自分に非があるのにごめんなさいも言えないんだ今の連中は！

どれだけお金を持っていようが無関係！男は覚悟で決まるのだよ！　諸君！

川保　この前、京王線の車内でタバコ吸ってる人間に注意した人が刃物で斬られて、その後そいつが車内に放火した事件があったじゃないですか？　ああいうキチガイが今後増えてくる気がするんですね。そういう通り魔、テロに対処する方法などを一般の人達に教育するような活動もしたいですね。

沖本　昔、長崎でバスジャック事件っていうのがあったじゃない。高校生が包丁持ってて。注意した女性教師が刺されて亡くなっちゃったんだよ。それでサービスエリアに車停めたわけよ。その時に窓開けて50代60代70代のオヤジ連中がみんな逃げちゃった。俺はあれ見てね「この国は終わりだな」って思ったね。なんであんな高校生ぐらいのガキにビビってるんだよ。俺だったらベルト外して腕をバックルでひっぱたくよ。包丁なんか痛くて持ってられないんだから。それをやる度胸を持ってるかどうかでしょ？　やっぱりね「てめえ殺すぞ」って目を剥いて挑めば向こうも怯むんだから。

川保　男は必須で武道やらないといけませんね。巌の会は武道必須ですね。

沖本　とにかくマナーが悪いのが多い。車だってマナーなってない奴が多い。アメリカのニューヨークなんかだったら地下鉄とか治安悪いから赤いベレーかぶった自警団が見廻りしてるでしょ。

川保　あ、ガーディアン・エンジェルですね。

沖本　彼らがいることによって地下鉄も随分と治安は改善されたんじゃないかな？　日本もそのうちそういうことになるよ。そういう見廻る人、組織が必要になってくる。巌の会も今後そのような活動はしていこうとは思ってます。今は組織固めの時期かな。

巌の会　決起文

日本と日本人は今崩壊の危機にある。内憂外患。様々な反日勢力によって蝕まれている日本と日本人はまさに「ぬるま湯に浸かる茹でカエル」である。

我々は戦後日本において生まれ、平和をあたかも空気のように呼吸しながらのうのうと生きている。

「このまま行ったら日本はなくなって、その代わりに、無機的な、からっぽな、ニュートラルな、中間色の、富裕な、抜け目がない、或る経済大国が極東の一角に残るのであろう」三島由紀夫先生の予言は見事に的中している。

巌の会

【いわおのかい】

もう一度言おう。日本はこのまま行くと滅びる。もし生き残ったとしてもそれは奴隷国家だ！奴隷民族だ！諸君は自分たちの子孫が奴隷になっていく運命にあるとして、それを良しとするのか？「奴隷でもいいじゃないか、生き残る事が大切だ」などとのたまう輩がいれば我々はこう返答しよう。「日本の文化、伝統、歴史、民族の誇りもすべてないがしろにして、生命第一主義を至上の価値としてきたのが戦後日本の実体だとすると、それは日本ではない。日本の侍文化において、それは敗北であり万死に値する腰抜けの言い草だ」

大国に媚を売る事しかしない政治家、官僚、文化人。未だに中共と手を結び、日本占領のもくろみを隠さない左翼、左翼マスコミ。保守だと謳いながら危機を煽り、その実ネットワーク販売に結び付けようとする不逞の輩、政治、活動ゴロ。誤った歴史を刷りこみ、道義を廃し、民族の誇りを棄損し、戦後、進駐軍占領終了後もＷＧＩＰを継続して進行させ定着を目論む教育者モドキ。これらは皆、我々の敵である。このような奸族に対して、これまで多くの憂国の士が華々しく散っていった。我々は座してそれを見過ごすわけにはいかない。

我々は、ここにおいて救国の会を結成する。機は熟した。

「実践を持って存在しうる」と謳ったのは他でもない。イデオロギーや論理、思想をこねくり回して一切の行動をしない『趣味の暇つぶしサロン』になる事を断固拒否するためである。我々はすでに危急の課題として強固なる実践軍団を作る事を目的として動き始めた。その為の第一段階として少数精鋭を組織作りの理念とし、鉄の意思を持った幹部会員を作らなくてはならない。将来的には一人の優秀なリーダーが百人を指揮し、そのリーダー百人を組織化すれば有事に置いて1万の民兵組織を動かす事が出来ると考えられる。

巌の会は今後様々な課題を克服しながら組織的土台作りを近々の目標にしたい。

巌の会　特別機動部隊　部隊長　川保天骨

巌の会　設立宣言

「武士道の精神」は江戸時代までのものとするのは明らかに誤解です。近代日本は武士道によって築かれたのです。
しかし第2次大戦後、バックボーンとなる思想を失った日本は、美徳も大義も廃れ、目に見える物質主義に没し、拝金主義者によって牛耳られた道義的価値観の希薄な国家となってしまいました。

　国難襲来、そして混迷を極める国際情勢における今、日本の長い歴史に培われた「和魂」つまり「武士道精神」を取り戻し、国際社会における日本の立ち位置を今一度正さなくてはなりません。そして真の独立国家となるための礎（いしずえ）構築をする事が急務です。我々は脆弱な富裕国家に落ちぶれた現代日本の性根を叩き直さねばならない時期に来ているのです。でなければ、20年後、30年後の日本はありません。巌の会はここにおいて、救国の会となし、活動に邁進していく事を宣言いたします。

　令和４年９月６日

設立趣意書

「巌の会」の「巌（いわお）」は「君が代は千代に八千代にさざれ石の巌（いはほ）となりて苔のむすまで」と日本国歌「君が代」にも詠われている言葉になります。「巌（いわほ）」それは高くそびえる大きな岩、つまり永遠に滅びることのない「日本精神」「大和魂」の具象であり、魂の永遠を表現した言葉であると我々は解釈しました。

　生死を超越し、泰然自若とした肚（はら）の座った人間を創る。これは日本人によって培われた生と死における理念と覚悟に基づいたものであるべきであり、当会の究極の課題であります。国を守ることを忘れ、確固とした理念や信条もなしに生き、政治、社会活動を単なる私腹を肥やすための道具としか考えていない輩が蔓延る現代社会に対して、我々は明確な活動を起こさなければなりません。当会は有志を募って結集し「実践を持って存在し得る」を活動の根本に据えて国家存亡の危機に対峙し、日本精神復活への突破口を穿つ事をもって日本民族の精神的独立心を喚起する事を目的とします。我々の趣旨に賛同する者はその志を持って活動に参加することを願ってやみません。

巌の会の役割

日本国民が未来の世代まで安心・安全に暮らせる社会の実現と、真の国際平和の達成に寄与することを目的に、巌の会を設立いたしました。

　自然災害が多くこれまで数々の大災害に見舞われてきた日本。海外に目を向ければテロや紛争、国家間の軋轢など国際的な緊張状態が世界各地で高まっています。

　さらには日本国内でも凶悪犯罪や大事故が増加し、滞在外国人の急増に伴う受け入れ体制の整備や治安対策も不可欠の課題となっています。巌の会は以下の原則に基づき政治活動・社会活動・民間防衛活動を当面の目的とします。

巌の会の主な活動

①有事の際、自衛隊の補完的な存在として働く事を目的とし、また平時は地域において治安維持を目的とした民兵組織の創設。実働部隊として動く会員とリーダーの育成。

②反日売国奴、反日国家、社会・政治活動を私腹を肥やすための道具としか考えない亡国の徒に対しての攻撃と成敗。街宣活動。

③日本と日本人の強化、自立を目指す様々な教育プログラムの実施。真の日本文化継承のための勉強会、講演会、合宿などを行う。

巌の身

巌の会の「巌（いわお）」を表わすエピソードがありますのでご紹介いたします。

　宮本武蔵が書いた『兵法三十五箇条』の中に、「巌（いわお）の身という事」があります。これについて以下のような逸話があります。

　ある時、藩主の細川光尚が武蔵に、「三十五カ条のなかに『巌の身』とあるが、どういうことか、分かりやすく説明して欲しい」と言われた。

　武蔵は頷くと、「では、求馬助をお召しください」と依頼する。

　やってきた求馬助に武蔵は、「殿はお前に切腹を仰せつけられた。直ちに支度をするように」と申し渡した。求馬助は「承知いたしました」と応え、全く普段と変わらぬ様子で、切腹の支度を始めた。

　それを見て武蔵は細川光尚に「巌の身とは、これでございます」と説明したと言う。

▲巌の会 HP　https://iwaonokai.com/

一般社団法人 日本民間防衛連合会
〈代表理事〉**金子富夫**（かねこ　とみお）

危機意識の抜け落ちた国民を目覚めさせる！ 己の国は己で守る！ 日本民間防衛の未来！

他国からの侵略は軍事のみとは限らない!!　文化・国土・マスコミ、あらゆるところから侵略は始まる！　これまで日本には存在しなかった民間防衛を目的に創設された一般社団法人 日本民間防衛連合会・金子富夫代表に聞く。民間防衛とは何か？

●略歴
昭和 25 年 7 月 24 日東京都大田区羽田生まれ。昭和 51 年東京消防庁入庁。蒲田消防署、本庁防災部水利課。東京大学工学部建築学科（岸谷菅原研究室・建築防火材料）研修生 2 年間。昭和 57 年 4 月 1 日目黒消防署、本庁総務部施設課。
昭和 61 年 10 月 31 日東京消防庁退職。平成 3 年 4 月統一地方選挙において大田区議会議員当選（自由民主党公認）。平成 10 年防災アナリストとなる（全国の災害を調査・研究）。
多くのテレビ、ラジオ、新聞、雑誌などでのコメントテーターとして出演。
平成 15 年 4 月統一地方選挙において大田区議会議員当選（無所属）。測量士・防災士資格取得。現在は一般社団法人防災安全協会理事も兼ねる。

サイバーテロ等による間接侵略がメインになりつつある現代の侵略

——連合会を作った目的は何になりますか？

金子　日本には今、「国民保護法」と「災害対策基本法」があります。後者は地域で災害があるとボランティアだとか消防団なりが活動をするんですが、特に今注目しなければならないのは、外国の侵略です。ミサイルが飛んできたりする直接的な軍事侵略、または国の内部に入り込み工作する間接侵略などに対する防衛体制を民間から起こそうというものが主旨になりまして、それは「国民保護法」を基盤にしています。

　もう一つ、北朝鮮による拉致問題は連合会にとっても重要な課題にしていこうと思っています。本来は日本国民全体から解決を求める声が沸き起こってあたり前の問題ですが、現状、数団体しか動いていません。国民を災害、犯罪、そして他国からの侵略から守るという事に目的を置く本来の民間防衛の立ち場では、北朝鮮による拉致行為は明らかに他国からの侵略に当たります。座して黙する訳にはいきません。日本政府に対して、さらなる提言や問題解決に向けての働きかけをしていく事は、我々の団体にとっては極めて重要な活動になって来ると思われます。

▲「モヤモヤサマーズ」（テレビ東京）特殊な放水器具で消火活動の実践！

　また、現在のロシアによるウクライナ侵攻、これも決して対岸の火事ではない。地政学上、日本は極めて危険な地理的位置関係にあることは明白です。周りを北朝鮮、ロシア、中国などに囲まれており、領土問題も抱えています。海に囲まれているがゆえに、実はこれまで他国からの直接侵略という経験が薄い民族でもありますが、現在、テクノロジーの発達によって直接侵略以前にサイバーテロ等による間接侵略がメインになりつつあります。そちらにも対処していかなければなりません。

「もし東京が北朝鮮のテロに襲われたら？」というある財団で行われた勉強会に参加したことがあるのですが、その時に参加しておられた元陸上自衛隊の幹部の方が、東京にテロが起こった場合を想定た訓練を行う上で、北朝鮮から亡命した元工作員、安明進《アンミョンジュン》（※）氏に話を聞いたことがあると。彼が言うには「東京には数え切れないほどの工作員がいる。東京では地下鉄の爆破テロが一番怖い」と言ったそうです。

――最近は電車内で一般人が通り魔的な犯罪に巻き込まれる事件も有りました。

金子　自分の身は自分で守るというのが鉄則ですが、規模によってはグループで守る、団体で守るということが必要になってきます。外敵からの攻撃、災害に

▲金子富夫著　元東京消防庁消防総監・新井雄治氏推薦『やっちゃあならねぇ防災対策1～19条 近代消防ブックレット』(株)近代消防社刊

※安明進＝元北朝鮮工作員。1993年に脱北、韓国に亡命。北朝鮮では、朝鮮労働党中央委員会直属政治学校で工作員教育を受けた。そこで1977年に新潟市で失踪した横田めぐみさんを目撃したという発言が突破口になり、1978年に起きた一連のアベック失踪事件や、ヨーロッパに留学したまま行方不明になっていた日本人が北朝鮮に拉致されていたことが解明された。

本当の危機状態の時に冷静でいられるようにするには、訓練しかない！

▲ＮＨＫニュース　東京築地市場火災。災害時にコメンテーターとして活躍する金子代表。

おける治安維持、テロ犯罪には即座に対応していく民間防衛を作り、大きくしていかないとないとならないと思いました。

「日本民間防衛連合会」は「連合会」ということで様々な団体の連合体であり、枠組みです。今回、発足にあたり様々な団体や法人、個人に声をかけまして、現在13団体、また多数の個人に参加表明を頂いております。役員もかなりの数集まりました。

日本は共同で助け合うという文化があります。令和時代、コロナの影響もあり、人と人との絆がどんどん希薄になっている時代において、もう一度、隣近所の連携、助け合い精神の復活を啓蒙していかなくてはならないですね。

——具体的にどのような活動になるのですか？

金子　お題目だけ唱えてても仕方ないので、『防衛士』という資格制度の導入を考えております。今日本の国内には「〇〇士会」というのが多数あるんですよ。例えば「防災士会」など防災に関する会が多数あります。しかしながら、今、ドカンと災害が起きた時に即座に対応する組織ではないです。ミサイルが飛んできたって民間では対応はできない。結局は制服組に頼るしかない状況なんです。民間の力、国民自らの力と協力で国民の命を守るというテーマで連合会が本当の実務活動をするべきだと思っています。その実務活動の団体として『日本民間防衛士会』を各地域に組織していく必要があると。資格制度を作ることによってある意味、防衛教育を効率的に行い、グレードによって資格を付与していくと。

▲ドローンを使っての消火活動は今後大きな進歩を遂げる可能性がある！

——行政と絡むようなことも？

金子　例えばですけども、防衛士の資格を持った人間が行政機関の災害時の指導員になるとか、学校、病院、企業、障害者施設、高齢者施設、などの施設へ派遣していく。それが使命だと思っています。

今、災害ボランティアが国内で７００万人も８００万人もいるとマスコミでは言われていますけれども、そのボランティア活動は災害発生後の後片付けなどの作業をすることに主眼が置かれているんですね。災害が発生した時に瞬時に駆けつけて住民の皆さんを指揮、誘導して安全な方向に導く、あるいは人を救助する場面において瞬時に対応するリーダー的な人員を増やしていくという事も、この防衛士の資格普及の目的でもあります。もちろん、就職した先でその資格を保持していることで優遇されていくような事になることも普及の促進になると思いますので、その面での企業へのアプローチも行っていく予定です。

――民間防衛組織は日本にはなかったんですか？

金子　世界を見渡すとどの国にも民間防衛組織はあります。日本だけはないんですね。

――それはなぜでしょうか？

金子　憲法とかの問題もあると思うんですが、あえて、国民が自立した形で防衛を行うということに対しては、暗黙のうちなのか、否定的です。しかし、何かあった時に自衛隊、警察、消防任せという意識で、自主的には何もしないという姿勢だと遅いんですよ。隣近所での助け合いは特に基本になるし、その時にリーダー的存在がいるかいないかでその集団の生存率や被害の拡大を防げるかどうかが決まってくる。つまり民間防衛士というのは、リーダーを作るための方法論であって、そこに資格制度を導入することで、一般の人達のモチベーションを上げてもらうことも目的ではあるんですね。防衛するというと、なにか抽象的で漠然としたものとして捉えられがちですが、防衛の技術と知識を体系立てて教育することによって、国民に己の身を守る、危険から集団を回避させる技術や考え方の普及を目指す意味では意義深いのではないでしょうか？

▲日本再生 TV 内「日本民間防衛チャンネル」を配信。YOUTUBE でも独自動画をアップしている金子代表。地道な活動が特徴。

日本人は核攻撃を二度もされているのに、再び核攻撃を受ける危険性のある最前線国家です！

日本再生TV

武士道は最良の概念 木下顕伸代表に聞く！ 前編

根本的な日本再生には真の武士道が必要になる日が来る！

聞き手◎川保天骨

天骨　**先ず、日本人の生み出した概念としての武士道についてご所見をお聞かせください。**

木下　先ず、真の武士道の探求というのは、精神＝魂＝心の探求という意味だと思います。非常に難しいテーマです。ましてや、人類に結びつけるのは簡単ではありません。また、探求は学ぶ意思です。その意思がなく、理解することは簡単ではありません。若いころに学んだものは、心にも、身体にも沁み込むものです。学ぶという事は、教える者と習う者、双方に信頼関係がなければなりません。

私は、若いころ四年間、月一回、仲間と共に、明治神宮武道場至誠館で、元館長の稲葉稔先生にご教導いただきました。当時は、武術を教わったわけでもなく、お手合わせいただいたわけでもありません。毎回、武術の稽古をするのではなく、時局をテーマに、武士道の観点からそれを読み解くというものでした。

武道をされる方は、稲葉稔先生をご存じの方も多いと思います。私に、稲葉先生は、どのような人かと聞かれると、有り得ない例ですが「ピストルを構えて先生を狙ったとしたら、私が躊躇している間に、迷わず、私の持ち手を切り落とすでしょう」と答えます。

一瞬の隙も見逃さない武人、加えて「迷わない、ぶれない、惑わされない、冷静沈着、決断力、判断力」の魂＝心を磨き修練された方だと思います。

エピソードとして、最初のころ、武道場で「奉納の太刀」を見せていただきました。皆、正座していて、その目前で真剣の太刀で空を斬られる。その時、私のところににじり寄られて、真剣を振り下ろされる。気持ちのいいものではありません。このようにして首を刎ねるのかと私は思いました。しかし、今考えれば、私を試されたのだと思います。

もし、私がのけぞっていれば、先生に対する信頼がないという事になります。つまり、「先生を信じて真剣に学ぶ気があるのか」を試されたわけです。

学ぶという事は、信頼関係でもあり、人としての尊敬の念がなければ成り立ちません。しかし、信頼関係以前に、一生のうち、特に若い頃に本物の師匠に出会えるか否かが問題です。偽物の師匠から教われば、所詮、偽物を学ぶことになります。本物の師に出会えるのは、簡単ではありません。己自身が正しいものを見出そうという気概がなければ見つかりません。稲葉先生は、いつも「本物を観よ」と言われていました。では、本物と偽物を見抜くにはどうしたらよいのかという事になります。

正しい師匠とは？　と問われれば、正しい道を究めようとしている人であり、その道とは何ぞや？　と問われれば、「利他の精神＝自己犠牲の精神を修養するため、心を磨き実践すること」がその道だと思います。

最良の概念とは、利他の精神にあると思います。

川保　**新渡戸稲造先生が明治時代に著した『武士道』という本が海外に紹介されました。この本に著わされている日本人の『道徳的生き方の規範』としての武道と、西洋の騎士道の違いはなんだと思われますか？　この点に関してお聞かせください。**

木下　新渡戸稲造の『武士道』は、日本人のために書いたのではなく、欧米人に日本人の死生観を知らしめようとしたものです。岡倉天心の『茶の本』は侘び寂びの自然観を知らしめています。当時の欧米には武士の死生観、切腹、介錯の意味がわからない。野蛮なことを行う民族であると見下されていました。それを、正すために書かれたものです。切腹は、尊厳です。介錯は、手助けです。切腹をするというのは、自ら責任を取る行為です。介錯は、腹を切って苦しむのを楽にするためです。単に首を刎《は》ねるというのは罰です。近藤勇が捕らわれて、死罪を言い渡されましたが、切腹は許されませんでした。武士だけに許されたものです。斬首は死罪としてのギロチンと変わりません。キリスト教の西洋人に、責任を取るため腹を斬るという断末魔を選択することを理解できないのは仕方ありません。自殺は許されませんから。しかし、責任を全うするという意味で、西洋人の多くが受け入れたのではないでしょうか。また武士道に共鳴したかもしれません。

　騎士道との違いは、騎士は、荘園や領主に帰属する。ある意味傭兵のような役割も果たす。つまり、君主を守る忠義はない。武士道では、君主に対する忠義の精神がある。死を恐れないというのは、自己犠牲の精神です。守る精神です。守る大義、正義を求めるのが武士道だと思います。大義を理解せず、猪突猛進するのは、単なる乱暴者です。自己保身しか考えない者に、死する勇気など芽生えないでしょう。

川保　**武士道の概念をわかりやすく伝えるためには、どのように伝えればいいとお考えになりますか。この点につきご所見をお聞かせください。**

木下　明治維新前の武士の道徳＝精神を理解させるため、明治神宮至誠館武道場の教本の中で、武道家山岡鉄舟が元服する前、小野鉄太郎と名乗っていた頃に、「自分を戒めるために書いた修身二十則」というのが紹介されています。これを十五歳で書いたとは、驚きます。読めば、如何に、日本人精神が武士道に繋がるかを理解できます。この修身二十則が人類に広がれば、戦争もなくなるかもしれません。

修身二十則

嘘を言うべからず候
君のご恩は忘るべからず候
父母のご恩は忘るべからず候
師のご恩は忘るべからず候
人のご恩は忘るべからず候
神仏並びに長者を粗末にすべからず候
幼者を侮るべからず候
己に快からざることは他人に求むべからず候
腹を立つるは、道にあらず候
何事も不幸を喜ぶべからず候
力の及ぶ限りは、善き方に尽くすべく候
他を省みずして、自分のよき事ばかりすべからず候
食するたびに、華燭の艱難を思うべし
全て草木土石にても粗末にすべからず候
ことさらに着物を飾りあるいはうわべをつくろう者は、心に濁りあるものと心得べく候
礼儀を乱るべからず候
何時何人に接するも、客人に接するように心得べく候
己の知らぬことは何人に手もならうべく候
名利のために、学問技芸すべからず候
人には、全て、能、不能あり、いちが

いに人を捨て、或いは、笑うべからず候

己の善行を、誇り顔に、人に知らしむべからず、全て我心に恥じざるに勉べく候

嘉永三年十五歳（小野鉄太郎）山岡鉄舟

この二十則を、私の関係する道場で子供たちに教えてほしいと以下のように贈っています。【この終身は、武道精神の基となれば、青少年育成の教訓にすべし、毎日練習前に音読すれば、この修身身につくものなり、武道指導者はこれを守るべし】。

道徳と士道は同じです。修身二十則が武士道概念だと思います。しかし、現代社会と照らし合わせ、伝える者が例を挙げながら、わかりやすく伝えなければならないと思います。

川保　武士道は、完全に形骸化して、お飾りになっているのではないかと思いますが、これは何故でしょうか？

木下　私の知る限り、武道＝戦う術を極めようとしている人は、指導者であっても、己のために修練する人が多いと思います。理由は、それぞれあるでしょう。大半の武道家は、自分の修練のために道場を開いている人が多いのではないでしょうか。当然、フランチャイズ化したり経営者として、道場を開いている方もいるでしょう。

人間本来、誰でも負けたくないのは、当たり前です。殴られたくない、蹴られたくない、馬鹿にされたくない。負けたくない、老いたくない、という恐怖感が裏にあります。人間弱いものです。常に、その恐れとの戦いです。鍛えれば鍛えるほど、術を磨こうとすれば、磨こうとするほど、自分の中に、強さと弱さを感じます。

若いころはまだしも、老いてくると、なおさらです。若い者には負けたくない、舐められたくない。しかし、気力も筋力も衰えてくる。皆が感じることです。

強さと弱さは表裏一体です。強さの反対は、弱さです。老いれば、猶更、己の体の衰えと弱気が身に染みる、強気になろうと克服するため修練し術を磨く。また、築いてきた権威を維持するため、その術を更に、探求しようともする。探求者は、武道家だけでなくても、同じではないでしょうか。探求することは大事です。しかし、魂を守る、徳を守るのではなく、権威だけにこだわり過ぎると、分派し、派閥も作ったりします。これは、気が分散し、弱さに繋がります。

私が考えるに、なぜ武士道が形骸化するのかについて。

第一に、目的が自分のためだけとなる

と、利他の精神や自己犠牲の精神が無くなり、術を学んで魂＝精神（こころ）学ばずとなるからです。武は士道であり、士は、守るものを知っている。武士は、守る目的がある。領地、領民、主君、を守る義務がある。義務感が無くなれば、自分の都合だけで学ぶことになり、辞めようと思えばいつでも辞められる、しかし、義務感や責任があれば辞められない。

第二に、自身のために習得する護身術には、色々な術があります。同じ術を教える道場が多くなると飽和状態になります。更に、学ぶ者が分散すれば、その術を教える道場も淘汰されていきます。当然、継承する術も武道も減少する。スポーツ化すればするほど、習う側の選択肢も増える。

第三に、時代が変われば、戦術も武器も変わります。その術や武器が不必要となれば古い術は廃れてしまいます。

第四、日本の武道は、本来、剣術だけでなく、柔術も兼ね備え、その他「心構え＝覚悟＝精神＝徳」を含めて、武士が極める道、総称して、武士道となったわけです。しかし、現在は、術を学んで、魂（こころ）学ばず、術を教えて、魂教えず、となっています。これが武士道の形骸化の一番の理由だと思います。

海外にも武道場があります。しかし、彼らは、今の日本人とは逆に、魂学んで、後に、術を覚える。本来の姿だと思います。ですから、武道が海外で流行《はや》る。つまり、外国人は、日本の伝統文化＝徳の精神＝礼節に憧れて来日するわけです。誰も、二本差しの侍がいまだに日本にいるとは思っていません。

彼らが、海外で開いた道場には、神棚がある。お供えもしている。彼らは、当然、宗教も違いますが神棚の意味を理解しています。文化も環境も違います。しかし、神道をただの異教と考えるなら、神棚をお供えしないでしょう。

日本では、政教分離などと、神道の意味を理解せず、神棚を飾らない。魂学ばず、術を学ぶ。指導者自身が武道の神髄を学ばず教えていないのではないのかと思います。現在は、術や技を教えて、魂を教えず、神髄を究めることがない。流行り、廃りに流される。形骸化する大きな要因ではないかと考えます

よほど外国人のほうが理解しています。術は優れど魂劣る。指導者の術が優れていても、徳のない人であれば、心は離れていきます。心＝魂を学ばない者、魂を教えられない者は、商業主義的に帯の色や、有段、地位に拘り、権威を求め、与えるだけです。目標を掲げるのは、大事です。しかし、技術と心＝魂が一緒の段位でなければならない。指導者が、魂＝心を磨くため、徳を学び、徳を知り、

それを行わなければ、教えられません。これは、武道に限らず、簡単な事ではありません。各種団体、社会組織にも言えることでしょう。現状はそうなりつつあります。

『弱きを助け、強きを挫く＝剛毅。しかし、弱いものに強く、強いものに弱い＝卑怯』これでは、尊崇の念など湧いてきません。ただ、地位や権威に阿《おもね》っているだけです。

武道を学ぶ者は、どちらが優れていても、切磋琢磨し、互いに尊敬します。本来、武道では、勝ってもガッツポーズをすることなど許されません。負けた相手の傷に塩を塗り込むような真似はするな、という意味です。堂々と戦った相手に敬意を払うことです。相撲界において、外国人力士がガッツポーズをすることがあります。これは、士道を理解していないからです。またそれを教えていないからです。指導者自身が理解していないこともあります。

勝って嬉しいのは当然です。しかし、負けた相手を見下してはならない。勝つこともあれば、負けることもある。常に相手に敬意を以て、慮《おもんぱか》るという事、つまり、これが士魂だと思います。

どちらが強いか競い合うことも大事ですが、伝統文化に基づく日本人精神＝士魂を忘れれば、形骸化します。

形あるものは、消えて無くなります。しかし、体が衰えても、心が衰えなければ、魂＝正しい心を伝えることは出来ます。

川保　「復讐させないためこれを破壊させる。というのが戦勝国GHQの大きな目的だったのではないかと」これも形骸化の大きな要因ではないでしょうか？

木下　米国が日本の無辜の市民に行った原爆投下実験、絨毯爆撃など、非人道的な行為をした米国側＝GHQが日本の復讐を恐れて日本人精神の解体を行う政策を執ったことは形骸化の大きな要因です。ご存じの方もいるかもしれませんが、戦後、統治者（GHQ）にとって、武士道が危険な思想精神、死生観であると考え、これを抹殺するため武道禁止令を発令しました。武道禁止令は、WGIP（ウォー・ギルト・インフォメーション・プログラム）日本精神破壊政策の一環として行われました。

しかし、占領下において、笹森順造(※)という政治家が、日本精神である武道を継承させなければならないと考え、「武道は、単に人殺しの術ではない。徳を学ぶ道である」と、GHQに説明し交渉しました。結果、銃剣を付けた米軍兵士に勝てば、復活させるという約束を取り付けました。

米軍兵士の対戦相手となったのが、稲葉先生の師匠である鹿島神流抜刀術の国井善弥先生です。場所は、明治神宮武道場で行われ、条件は、相手を殺しても構わない。米兵将校は、真剣の銃剣。他方、国井先生の方は、真剣ではなく、袋竹刀で対戦する。これは、「試合」ではなく「死合」です。このような条件をつけるとは、GHQの傲慢さがうかがえます。また、敗戦国の悲哀も感じます。

国井先生は、この「死合」で、相手の動きを読み、一瞬にしてねじ伏せた。ねじ伏せたといっても、身動きできないようにして、打ち負かさなった。つまり、「相手の尊厳を守りりつつ徳を伝えた」と聞いています。

結果として、以後、武道＝武術は、残りましたが、士魂を教えない単なる競技となり、スポーツ化してしまいます。スポーツ化すれば、ルールが決められ、「死合」でも、「仕合」でもなく、「試合」となり、武道の神髄である「死」に対する覚悟の精神が無くなります。

武道の神髄とは、ルールなしで戦うことです。殺すか、殺されるかです。投げ技もあれば、殴る、蹴る、斬る、長い武器、短い武器、相手が大きい、小さい、すべてを想定して戦わなければならない。

武士道精神とは、死を覚悟して、利他のために命を懸ける精神であるからこそ強くもなれる、覚悟もできる。しかし、術が競技として、スポーツ化すれば、ルールが決められ、安全重視となり殺し合うことはなくなります。結果、真剣勝負という危機感、恐怖感、覚悟がなくなります。試合に負けても、命は取られません。負けて恥ずかしいという思いは残りますが、何のために戦うのか、何のための恥なのか、すべて自分自身の為となり、結果、武士道における術や精神を他が為に生かす、他を守るという気概もなくなってしまいます。

「自己犠牲の精神＝利他の精神」とは、他がために命を捧げる＝他を守るために術を修練する事、自己の尊厳＝恥を知る

※笹森順造＝（ささもりじゅんぞう、1886年（明治19年）5月18日－1976年（昭和51年）2月13日）は、日本の政治家、教育者、剣道家。第二次世界大戦後の連合国軍最高司令官総司令部（GHQ）による剣道禁止期は全日本撓競技連盟を設立し会長を務めた。1954年、全日本撓競技連盟は、全日本剣道連盟（会長木村篤太郎）と合併し、笹森は全日本剣道連盟最高顧問に就任した。

事。自他が一致することが武士道精神と考えると、「利他の精神」が無くなれば、必然的に、自分がやらなくても誰かがやってくれるという傍観者になり、他力本願になります。「傍観者＝他力本願の精神と自己満足の精神」が武士道を形骸化させたのだと思います。ＧＨＱの破壊政策の影響は大きいと言えます。

●日本再生ＴＶのご案内

【日本再生ＴＶの目的】

日本再生ＴＶは、「日本人の利他の精神が世界を救う」をテーマに、日本人の、日本人による、日本人のための、日本人の政治を取り戻すための番組です。

外国勢力の圧力に翻弄されてきた我々日本人が、失われた日本人精神を取り戻し、日本を再生する為、番組を制作・発信してまいります。

https://nippon-saisei.org/

日本再生ＴＶ ＨＰ　YOUTUBEチャンネル

❖未だ人類は「真」の生命哲学の完成を見ていない！

未完の武士道

『強さってなんだろう』と考えたら、一点に集中して強固な壁を突破する強さ、そして柔軟性を持って決して折れないという強さがあると思うんです。この二つのタイプの強さが表裏一体、拮抗しているような状態でないと本当の強さを発揮できないんじゃないかなと思います。生命もそうじゃないですか？「生」と「死」の拮抗により、この世にありありと現出しているのが我々の存在、そして精神だと思います。動物と人間の違いでもある。本稿は日本の根本精神として生み出された「武士道」になぜ注目し、考え、研究し、そしてそれを完成させていかなければならないかを語ります。

文・川保天骨
国際真武士道連盟主宰

なぜ、我々は武士道について考えなくてはならないのか？

今回、『真武士道』ということで、真の武士道を追求する上で、我々は何を知り、何を研究しなければならないのか？という事を考えていきたいと思います。

なぜ今、この現代の日本においてそのような「武士道」なんていう仰々しい言葉を持ち出してきて、それについて考え、語らなくてはならないか？　この冒頭においてその事を語る前提を明確にしておかなければ以降の文章は単なる妄想の戯言にすぎなくなってしまうような気がするので、あえてここで書くことにします。

今現在、この日本で行われている経済活動、文化活動、政治活動、社会活動、国際外交において、まず我々日本人としての根本原理、その活動の規範となる大元の哲学は何なのかを明確にしておくことは重要だと思います。日本人が民族として存在しうる究極のミッション（目的）とは何か？　さらに人間が人間として生きる上で最も重要な部分は何か？　それは現在遂行されている日本人、日本民族による様々な活動と合致しているのか？欲望と安寧《あんねい》をむさぼり、見せかけの平

川保天骨（かわほ てんこつ）
1970年2月生まれ。福岡県北九州市出身。2019年、五十歳になることを目前にしてこれまでの総括を含め20年経営した株式会社を解散させ残りの人生をかけて社会活動に入りました。あと何年生きるかわかりませんが、やれる事はすべてやろうと思います。現在、一般社団法人 日本民間防衛連合会の所轄、国際真武士道連盟の理事をやっております。

和の維持に腐心し、堕落も腐敗も自己欺瞞によってごまかし、脆弱な精神性と責任転嫁、経済的な成功をすべてにおいて最上の価値と喧伝《けんでん》し、もはや自主独立の気風さえ残っていない。いや、この堕落と呼ぶ以外の何物でもない現状においても、それ自体が日本人の民族性の中における文化的素養の中に埋没され、日常として淡々と生命活動を維持することは確かにできるのかもしれない。

ただ、我々は一体何者なんだろうか？

我々の生命を育んできたこの日本という土壌、祖先から連綿とつながり形成されてきた文化的アイデンティティ（正体性）、歴史において語られてきた日本人、日本民族、大和民族とは何か？　その答えを武士道という言葉をきっかけにして考えていきたいと思います。なぜなら、それは未だに完成されておらず、日本民族の中で独自に生まれた世界的に類を見ない独特の「生と死の哲学」であるから。

武士道は曲解され利用され封印された！

日本人の精神的な核心部分に武士道が大きく影響しているとすれば、戦後において武士道はどのような形で継承されてきたのかを考えなくてはならないと思います。私の印象ですが、現在は完全に形骸化したお飾りになってるのではないかと思うんですね。

戦後アメリカが一番恐れたのが日本の復讐だとすれば、日本に対する精神的破壊工作で、一番最初に槍玉に挙げられたのは日本人精神の根本、つまり武士道精神であり、アメリカが都合よく統治するために、まずやるべきことは、日本人精神の破壊＝抹消にほかならない。

ただ、この意味での『武士道』は明治時代に新渡戸稲造先生が著した『武士道』という書物によって国際的に紹介された日本人の『道徳的生き方の規範』ではなく、死を恐れずどこまでも命知らずに突っ込んでくる日本人の恐ろしさではないかと思います。とにかくアメリカは、死を恐れぬ日本人精神の根本は武士道精神にあると考え、これの破壊工作を行った。

この精神とは明治維新後、国民皆兵になり、新政府の統治者によって武士道が国家的な目的遂行のために加工、運用され発展してきた考え方が基本になってます。

とにかく日本人に復讐させないため、これを破棄させるというのが戦勝国ＧＨＱの大きな目的だったんじゃないかと思います。それぐらい先の大戦時、

もう日本には男が残ってないのか……。

日本兵の最後まで戦う特性に米軍は驚愕し恐怖した！

米軍は日本軍の戦い方を目の当たりにして恐怖を覚えたに違いありません。

日本軍の戦い、これはある意味自殺です。ガダルカナルなどの南方の戦局時についてですが、三八式と銃剣で機関銃陣地に万歳突撃を繰り返す日本兵。航空機、その他人間兵器による「特攻」。これらはキリスト教で禁じられてる自殺行為ですから、文化的にアメリカ人には到底理解できなかった。そして理解できないからこそ恐れたんです。

作戦自体を立案、裁可して実行に移した軍上層部は、戦場の実態を無視、つまり状況を度外視して精神力で戦えと命令を下し、劣勢にある装備や状況を「武士道精神」で補わせようとした。実際の戦場の兵隊からするとたまったものじゃないと思うんですが、本当に凄いと思うのは、その日本兵の勇敢さです。無謀な命令に従って戦うんですよ。半端ないですよ、日本軍兵士の精神的な強さは。それに比べて上層部の多くは官僚化していて、平時ならいざ知らず、戦争という局面においては、ある意味愚鈍としか言えない人物が多数を占めていたんじゃないですか。とにかく精神的な部分にのみフォーカスして、それを前提に戦略、戦術の立案、実行を命じている。戦争を美化する気も肯定する気もないですが、あくまでも戦《いくさ》として戦争をとらえる場合、総合的に物事を考えなくてはならないと思います。

とにかく大正、昭和になると、日本のシステムが産み出した軍上層部は完全に官僚化して凝り固まった頭しかないんです。一方アメリカ軍は真逆ですよ。戦争を現実的な面から総合化して戦略、戦術を立案し軍隊を効率的に運用している。精神的な部分はあえて無視しているような気もする。日本軍は結局、日清、日露に勝利して、思考停止して大東亜戦争や太平洋局面の戦争に突入したのではないですか？　つまり時代遅れのまま戦争に突入した。武士道を曲解して、精神さえ強ければ勝てるという、近代戦を完全に理解していない思考のまま戦ってるんです。結局、多次元における軍事力と軍事力のぶつかり合いには、曲解された武士道精神が仇となってしまったのかもしれません。

欧米は日本の何を恐れたのか？

明治維新以来掲げられてきた「富国強兵」という政策は生き残りをかけた日本の最善の選択であったはずですし、その精神的な強さや民度、教育レベルの高さは欧米の脅威でもあった。結局、大東亜戦争終結によって、二度と日本人が強さを発揮できないレベルにまで抑え込んで欧米に対して立ち向かってこないように教育する事は必至だったんです。

先ほども触れましたがＧＨＱが神道や武道など、日本の精神的強さの礎になっていたものを廃止させたのはその恐怖から来ているのは確かで、とにかく特攻や玉砕を目の当たりにした米軍は日本人の恐ろしさを痛いほど知ってるわけです。つまり戦前の日本はそれぐらい強かった。その強さの反動が現在の状況を招いてるとしたら皮肉ですね。無関心、無気力、無責任の三無《さんむ》主義もそこから来ているんだと思います。

さらにもうひとつの脅威は日本人の技術力の凄さ。航空機製造や造船に関する技術を欧米からすぐに吸収し、あっという間に零戦を作った、大和を作った。欧米を凌駕する開発力があった。アメリカはそれを恐れて、日本の飛行機産業も戦後破壊したんです。

文化も、それに根差す精神も産業も破壊されて経済を牛耳られた国というのは独立国と言えるんですか？　覚悟も気力も人任せにして能天気に偽物の平和を享受しているだけの現状はゆゆしき問題だと思います。

戦前は外交の場において日本は今と真逆

そんな国になってしまった日本の外交がどういう状態になったかと言うと、例えるなら握手していても、交渉相手はピストル持ってて、こっちは丸腰、持ってても小刀ですよ。

この時点で外交負けちゃう。でも後ろにアメリカがいる。アメリカがいなかったら対等に話もできないかもしれない。

そこで日本人は強さを持たなければならないと気付くべきだけど、強くなろうとしてない。何もかもアメリカありきでしょ。「親米」ではない、「拝米」です。いわゆる属国。金玉握られてる。今後、アメリカがどんどん没落して中国が覇権を握るようになってくると思うんですけど、どうするんですかね？　今度は中国に擦り寄るんですか？

とにかく舐められまくりの日本外交。戦前は今と真逆でしょ。「やっぱり日本人は怖いよ。覚悟決まってるから。ひとりになっても来るぞ」という恐怖心を与えていたんです。それは存在感の問題でもある。今の状況を鑑《かんが》みるに、悔しくてならないですよ！　根性据えた男がどこにもいなくなった。戦争に負けるというのはそういう事なのか？　次章では現在の状況を呼び込んだ世界的にも稀《まれ》にみる日本人の特質について語ってみたいと思います。

国際金融資本、グローバル勢力の食い物にされているのが日本。

強烈過ぎた大和民族は、牙を抜かれ、爪をはがされ、金玉握られた！

「死んでみせる」という現代人からは決して想像できない精神

日本が戦っていた欧米列強は合理主義ですから、部隊の損耗率が三十パーセントを超えると白旗を上げるというのが常識だったそうなんですが、日本軍はとことんまで追い込まれても降参しないんですよ。全滅するまでやる。それは結局、先ほど非難したように上層部の作戦ミスや兵站《へいたん》確保の失敗などが原因としてあるけれども、その状況において「覚悟」を見せる上で国に殉じて死んでいった人たちが少なからずいるという事実です。

ここで注目したいのは、色々な遺書などからもそれは散見されますが、ある意味「死んでみせる」という、現代人からは決して想像できない精神を持っていたという事です。それが戦前の軍国主義的な洗脳教育だと言う人もいるかも知れませんが、今の尺度では測れないですよね。

当時の欧米による帝国主義的国際情勢を鑑みると、「死して護国の鬼とならん」という精神は明治時代から培われてきた軍人の本分が最後の最後、本当に追い詰められた結果、発揮されたものではないでしょうか？

民族性を保つための殉死

戦争をしたいという人は基本的にどこにもいないとは思うんですが、いざその局面になった時に「死んで見せなければならない」という部分が出てくるんじゃないかと。それが国民全部ということは考えにくいのですが、その内の五パーセントから十パーセントが覚悟を見せて他の九割がたの人を守り、そして国を国たらしめるために死んでいくという。これは人間という生物が社会を構成、そして維持していく上で編み出した集団の知恵のような気がします。民族性というのはそのように保たれるのではないでしょうか。

三島由紀夫先生が市ヶ谷の事件で自決されたのが一九七〇年十一月。ちなみに私は一九七〇年二月生まれ、今五十三歳なんですが、あの時に三島先生がああいう行動を起こされて、それで死んでみせたということがあったからこそ、五十年以上たった今でもその精神は語り継がれていると思うんですね。結局、死んでみせるという行動が人間の社会の中にインパクトを残すということだと思うんです。野村秋介先生もそうですね。

この感覚がわからない人にはいくら説明しても理解されないと思いますし、ある意味、狂気でもあるとは思いますが。

未だ完成形ではない武士道の探求と完成を目論む！

あの時、楯の会でも三島先生は一緒に死ぬ人間を会の中から選んで行動されてますよね。連れて行く人間以外の会員には決起のことは一切知らせてない。これは残った人に三島先生はこの精神を伝えてくれという意味だったんじゃないですかね？

もう一方で三島由紀夫が生き続けて、論陣を張って政府との戦いをしていったら、政党政治がもっと変わっていった可能性もありますよね。

生きなければならない人、もちろん死んでいい人なんて言うのはいないけど、生きていて欲しいという人が亡くなってしまうということは国の損失かもしれない。これは特攻隊もそう。飛行機に乗るというのは能力がなければならない。精神力、知力、体力がなければならない。そういう優秀な人たちがどれだけ亡くなったか。この人達が生きてたら日本はもっと変わってたかもしれない。生き残らなくてはならない人たちを失うというのは国家の損失だということも考えなくてはならない。

「言霊」によって日本人は縛られている

『失敗の本質』っていうベストセラーになった本があって、そこでもかなり語られているんですが、日本人の弱さと言うんですか？　それが戦争という局面によって浮き彫りになってくる。例えば情報伝達に関して日本人は問題を抱えています。

『言霊《ことだま》』ってあるじゃないですか。言葉に霊が宿っていると昔から日本では考えられてきている。なので、本当に言わなくてはならない事なんかでも、それがネガティブな事だったりすると「不吉なことを口走ったりするな。その通りになるじゃないか」ってなりますよね。なので曖昧な伝達しか出来なくなるんです。

逆に欧米文化は言葉を伝達の道具として使っている文化だから、伝達内容の正確性を求められるし、物事の実態を印象ではなく客観で伝える。戦争においてもその合理主義が言葉による情報の伝達という部分においての差異として現れてきた。戦争という局面においては現実に即した情報共有が必要なのに日本人は言霊が邪魔してそれを怠ったんです。もちろん日本はある意味、合理主義ではないからこそ強さを発揮した部分もあると思うんですが、それは個人個人の精神的な強さを拠り所にしている、かなり曖昧なものですよね。この時点で敗北の大きな要素を抱えているんです。武士道も含めて、日本人の弱さが戦争という局面によって露《あら》わになったわけです。そしてそれを未

生命は奇跡だ！ 完全燃焼させる方法論が確かにあるぞ！

だに総括できていない。戦後のＧＨＱによってタブーにされた可能性もありますが。

とにかく日本人は不都合な本質をすぐにタブー化して忌避する性質も持っているような気がします。

話が変わりますが、日本軍の将校は皆軍刀を帯刀してるんですね。とにかく、あの当時に大量の軍刀が生産されているんです。日本人の魂が宿る日本刀を『精神武器』として生産し、将校などに持たせたという事実があります。米軍ってそんな事してないですよね。アメリカっていうのは合理主義の塊のような所があって、超合理的な軍隊運用をしていて、「戦いの本質というのは、最終的には兵站である」という事を知っていると思うんですよ。一方、わざわざ鉄が不足してるのに、日本は精神的なものに鉄を使ってる。

生と死の哲学に世界が注目せざるを得なくなる

戦争について言うと、人間が存在する限り戦争はなくならないと思うんです。現実的にはそうでしょう？　どれだけユートピア思想を広めようが、世界平和を訴えて過去の戦争の惨禍を学習しようが、人間である限り戦争はなくならない。これは私の意見です。理想論ではなく現実的にはそう思うんです。

おまけに今後、人間の思考というよりも、局地においてはＡＩ（人工知能）が戦術に組み入れられてきて、ＡＩ同士の戦争になっていくかもしれない。その時に我々人間ってどこにいるんですかね？　どこに精神的な存在があるんですかね？　ＡＩの戦争には「生と死の哲学」はありません。

ＡＩについては、今後戦争だけではなく社会の様々な局面で台頭してくることは確実です。ここで重要になってくるのはまさに「人間の魂」の部分で、そこに究極としての人間存在が試されると思うんですね。「生と死の哲学」に世界が注目せざるを得なくなるに違いない。日本の文化は「生と死の哲学」においては先進国だった。「だった」というのは戦後、その哲学は隠蔽《いんぺい》されたから。「死」が「隠蔽」された。「死」が「悪」となってしまった。我々日本人はいつの間にか「死」をタブー視することを強いられているんです。

「死」における教育って現代だとタブー？

言霊についても、それは誰にでも伝わるものではなく同じような死生観を持った人に伝わるんですよ。その死生観における死についてですが、本来欧米と日本は「死」についての捉え方が違います。

私が最近思うことは、現代社会において「死」というものが単純に「悪い事」になってしまっているんじゃないかという事。

今、医療の現場でもそうなんですが、死は出来る限り避けるべき、忌避《きひ》すべきもので、どうにかして死を先延ばしして生命を延長していく考え方が主流じゃないですか。それが合理主義的死生観なんですかね？　そもそも死というのは「生命の宿命」で生きとし生けるものは皆百パーセント死ぬわけです。皆、最後は死ぬという悪い事をしたということで悪人になるんですか？「死」は「悪」ではないと思うんです。そういう「死」における教育って現代だとタブーになってる気がします。結局宗教的な話になるからでしょうか。日本は宗教自体をタブー視する面があるのも確かです。なのでやたら現代人は「死」を恐れる。確かに私も死は恐ろしいし、死ぬのは嫌ですよ。ただそれは本能的なものであって、観念としての死は受け入れざるを得ない。

今の日本の状況はとにかく「死」を悪いこと、忌み嫌うべきもの、避けなければならないものと言う情報をあらゆるメディアを使って常識として敷設していってるんです。これはある意味洗脳じゃないですか。「死」を前提にして「生」があるとすれば、「死」を抜きにして「生」は語れないし、実感として生きる感覚を獲得出来ない。年間三万人の自殺者が出るのはそういう実感のなさもひとつの要因としてあるんじゃないですかね。

コロナに関しても何を恐れてるんだと思うんですよ。統計を見て研究すればすぐわかるんですけど、実際には死者数の割合がめちゃくちゃ低いのにあれだけ騒いでたわけです。マスコミが死の恐怖を煽《あお》りまくってる結果かもしれませんが、異常なまでに死を恐れる。「コロナ＝死」というイメージを植え付けられている。統計概算的には単純に餅を喉につまらせて死ぬ人と同じぐらいの死者実数ですよ。年間四千人弱。ガンなんか年間四十万人くらい死ぬんですよ。一日千人ぐらい死んでる。ガンでめちゃくちゃ死ぬんですよ。それよりも日本は先進国であるにもかかわらず、ガンが原因で亡くなる人が増え続けている数少ない国のひとつだという事をなぜもっと報道しないのか？

話を戻しますが、そういった状況を踏まえて考えると、まさに武士道は「死」に対する考え方、哲学ですので、現代社会のこの「死」のとらえ方に対するアンチテーゼかもしれない。

そもそも日本文化の中には「死」に対

全人口の五パーセントから十パーセントが目覚めれば現状が少しは変わる！

武士道とは、ある意味、格好良さでもある！ あっぱれの精神！

しての豊かな感受性も育まれていたわけです。それを取り戻さないと。

真の武士道を解き放つ！

私は武士道というのは、勝つため、生き残るために平安時代、武士よって興り、鎌倉、室町、戦国時代を経て江戸時代に醸成《じょうせい》された哲学だと思うんです。一方で明治から昭和にかけて喧伝された武士道は近代化に遅れまいとして小国日本が西洋に肩を並べるために、早急に作り上げた未成熟な道徳理念で、本質からは相当外れてるんじゃないですかね。

本来、武士道精神は柔軟性を持ち、合理的であり、観念的なものだと思います。

哲学として生み出された武士道、これは確かに地政学的な理由からも島国日本の内政統治を要因として発祥し、発展したものだと思うんですね。それを起点にして、これまでの日本の歴史、武士道の歴史を踏まえて本物の武士道を追求していきたい。創造していきたい。加えて、現代でも通用する武士道精神を完成させたいという願いを込めて本誌の刊行を企画しました。今回私が「武士道」に「真」という文字をつけタイトルにしたのはそういう気持ちを込めたからです。さらに、この概念は単に日本人のためだけでなく、広く人類のために生かす英知（深遠な道理を知る知恵）についての探求です。

また、日本人精神が培ってきた侍精神、武士道、これはつまり「戦闘者の論理」です。平安から戦国時代、江戸、明治、大正、昭和と連綿につないできたこの精神的な概念は現代においても未だ完成形ではないんじゃないですか？ 戦闘者の論理は時代とともに変遷し、変化し修練されるべきで、今現在それがなされているかというと疑問です。

私は「究極の人間の死についての哲学的見地」に立った上で、死生観について現在の日本の実態に則して明確に定義づける事で「武士道」はいよいよ完成形に近づいていくと思います。これを追求していくのが我々の努めではないですか。

『武士道』には生と死という根源的な問題を孕んでいるのは確かだし、人間精神の核心部分に到達する上での究極の哲学的理想形があると。これは日本人が生み出したものだとか、そういう選民的な思想のもとにあるのではなく、すでに全人類的な通念にまで到達できる真理追求の方法論じゃないかとも思うんですね。

その前提として我々は歴史を学ばなければならない。誰かの都合で完全に作り変えられた歴史を刷り込まれている状態では、真の民族的な精神は、発展も深化もしません。武士道自体も歪められて認知されているという問題が内在します。

武士道の進化系は現代において最先端の人間理解

例えば今の世界というのは、否応なしに地球規模でものを考えなくてはならない時代だと思います。自分達の民族だけが生き残り、反映するという考え方はこれからの時代難しくなってきているのです。なぜなら我々人類は様々なところで何かしらの関連を持ち、経済や文化、政治を含めて複雑に絡み合っているからです。強者が弱者を徹底的に打ち負かして屈服させ、支配するという構図を非とする時代において、我々日本人が生み出してきた文化が、今後この人間の社会に生きてくるんじゃないかと思うんですね。

つまり「和もって尊しとする」文化。そこから生み出されてきた武士道の進化形は、最先端の人間理解において存分に役に立つと思います。

武士道という概念は日本文化の中で育まれ、国際化の波の中で民族自決の精神を経過して、ついには相互理解への究極の回答へと昇華していく。これが今、私が考える武士道の最先端ではないかと。

私が主宰する団体、「国際真武士道連盟」についてですが、名前を見ても分かるように、あえて「日本真武士道連盟」ではなく「国際真武士道連盟」にしたのは、この地球上の人類にとっての最良の概念が武士道にあるという事を信じているからです。

私はこれまでの出版活動や制作活動の中で外国人の武術修行者、武道修行者に「侍の魂」を何度も見てるんですよ。日本人よりもある意味、真正直に侍、武士な人いましたね。

先ほど書いたように地球規模の関連性を考えた場合、日本人だけが侍、武士である時代はもう古い。人類としての侍が必要なんですよ。

科学技術は征服するための技術？

現代の我々は、西洋的な感覚で自然を捉えてる部分があると思うんですね。自然と共存するのではなく制覇していこうとしている。弱肉強食の世界で霊長類としてトップに立っている人間が自然に手を加え、征服し、そこから食べ物を取り出す。居住地を広げ、様々な工業製品を作り出し、快適さを追求する。近代文明の発祥から現代まで、そのスピードは加速度的に早くなっています。

例えば山に登るというのは、日本人にとっては山の中に入って「霊的」なものを己に入れるという意識があったはずです。今でも山の麓《ふもと》などに神社があるのはその名残でしょう？　山に対する「畏怖」

国際真武士道連盟や厳の会について、すべての人に受け入れられようということを目的にしていない

滅ぶ事の美学が日本の武士道の中にはある！

す。

「感謝」「共存」の意識がそこにあった。一方、西洋的な登山は征服なんですよね。山に登ることは自然に対する「挑戦」であり「戦い」です。自然は「征服」していかなくてはならないものであって、科学技術は「征服するための技術」になっている。そう考えると、現在、もうすでに日本精神は西洋的な文化に完全に侵食されているんじゃないですか？

環境《き》問題は矛盾を孕んだ欺瞞《まん》では？

今、ある一部の人達が立ち止まって、そこに幸せはあるんだろうかということに気付き始めていると思うんですね。本来の日本人的な共存や感謝に溢れる関係性は、現代のあらゆる社会で求められているし、むしろ新しい「救いの概念」になりつつあるんじゃないかとも思うんです。

ただ実際、日本人はかつてそうだった自然への関わり方に戻れるのかと言うことですが、それはちょっと難しい所まで来ているとは思う。とにかく日本人は西洋化しすぎたんです。

こういう事言うと、環境問題についての事なのかと思う人もいるかも知れないんですが、私は環境問題については、その問題自体が人間の傲慢な考えに根ざしているものだと思ってます。結局自分たちが好き勝手やって繁栄した事に対する贖罪《しょくざい》ですか？　結局は「やりすぎた、このままだと人間は滅ぶ！　どうにかしないと！」っていうことでしょう。

人間も自然の一部だとしたら……、というか実際に一部なんですが。人間が傲慢になって自然破壊して環境汚染して人間が住めなくなるような環境を自ら作り出して、結局全滅する。もしくは核戦争が起こって全滅するとしても、それは自然の摂理の中での出来事で、人間が全滅して大変だと思うのは人間だけで、地球からすると屁でもないんじゃないかなと思うんですよ。

生物というのは増えすぎると自ら全滅の方にいくという性質もあるから、いずれ人類は滅びます。生き残りたいという人間の願いなど自分勝手なもので、自然そのものが人間を生み出し、そうさせてるのかもしれないし、宇宙の歴史からすると人間なんていう生き物が存在した時間というのは一瞬の出来事じゃないですか。そう考えると人間はおこがましいと思う。人類絶滅しても地球はその後五十億年ぐらい存在し続けますよ。太陽の寿命が百億年。現在五十億年目ぐらいなので、太陽はどんどん巨大化して最後爆発するみたいなんですが、それで地球も飲み込まれて消滅します。これは現在判明している科学の知識で、それが実際にその通りになるかどうかはわからないですが。

ちょっと話が飛びましたが、私は西洋的な文明が全て駄目だと言ってるわけではなく、むしろ学ぶべきものはたくさんあるし、その恩恵に預かっていることも確かではあります。ただ現在の我々人類の流れからすると、文明の発展とともに畏怖と感謝を忘れ暴走していく事が目に見えている。それで果たしていいのか？

宗教の根本的な発生は畏怖からじゃないか？

今から何万年か前、科学知識とかがない時代の人々の感覚を想像するんですが、まず毎日太陽が昇ってくるじゃないですか。そして沈んでいく。宇宙の存在とか、地球の存在とかを科学で解明していない時代には、太陽に対する畏怖というものがあったんです。まさに太陽を神としてリアルに感じていたんじゃないかなと思います。太陽信仰というのは原始的な宗教の基本になっているというのがあると思うんですけど、宗教の根本的な発生は畏怖からじゃないかなと。私は学者でもなんでもないですから、これは想像ですが。

現在の科学的知識を持っている人間と、科学知識のない太古の人間の畏怖の念の質的差は大きいと思います。恒星である太陽は惑星である地球誕生の根本原因でありますが、これは知識ですよね。太古の人は太陽を恐れた、その一方で太陽はエネルギーを地球に与えてくれる。食べ物を生み出してくれるエネルギーの根本は太陽ですから。故に太陽を崇め、感謝する。その表現が祭りであると。多くの原始的な民族の祭りには太陽が関係してます。考えてみると、日本の国旗もまさに太陽の表現ですよね。そこに神道が結びついてくる。日本も太陽信仰が基本になってるんですよ。

九割以上の人が情報に関してはある意味無関心

我々人間はいつか目覚める時が来るべきだと思うんです。全員じゃなくても良い。少なくとも全人口の十パーセント、いや五パーセントでもいい。それぐらいが目覚めれば現状が少しは変わるでしょう。これは日本だけじゃなくて人間の全人口です。

例えば情報にしてもそうなんですが、だいたい五パーセントから十パーセントの人以外、つまり九割ぐらいの人がそのあたりの情報に関しては無関心でしょう。無尽蔵に溢れかえる情報を浴びてる

日本精神は既に西洋的な文化の侵食によって凌駕されている！

我こそは真の武士！という人は連絡ください。まずは酒呑んで考えましょう。

だけで、無自覚に洗脳され続けている。世の中は何も考えていないという人がほとんどなんですよ。これは現在の社会の話じゃなくて、元々人間の社会的な構造がそうなってるんじゃないかと思います。国によっては多少のばらつきがあるかもしれませんが五パーセントから十パーセントの人が覚醒している。それでいいんですよ。

そもそも日本文化なんて数パーセントの貴族や武士が作ってきたもので、大多数の農民は文化どころではなく、関心ごとは「生活」だったはず。

前提として、現在は身分制度の時代ではなくなりましたが、結局は国としての特色や特徴なんかについては、数パーセントの人達が作ったものを平均化しているというのが実態じゃないでしょうか？言い過ぎですか？

武道や武術も本来は全員がやる程安易なものではないと思うんです。「スポーツ、もしくはレクリェーション、教育産業の一種としての存在になっていること自体、本質からまるでかけ離れているのではないか？」という考え方もできると思います。本来は本当の覚悟を持った数パーセントの人たちがやるべき術なのかもしれない。

私は自分の活動、「国際真武士道連盟」や「巌の会」について、すべての人に受け入れられようということを目的にしたり、大々的に思想を広めようということはしていないんです。大多数の中からほんの一握りの覚悟を持った人間を探し出すための方便なんです。別に選挙で勝とうとか、本や映像を沢山売ろうとか、そういうマスに対するアプローチはどこかしら歪んでくるんですね。これまで私はビジネスの世界で生きていたので、よくわかります。ビジネスだとまず「売れてナンボ」なんですよ。しかし、売るために変化させていったら台無しになるものがある。とにかく五パーセントから十パーセントぐらいの人が気付けば良いんですよ。

私が武士道の根本は、単に生物として生きればいいということではなく、いかに生きるかということに対する哲学、つまり「生きることの美学」の完成に基準をおいていると考えます。この「美学」という部分が今後重要になってくる。

また、私は「日本人が生み出した武士道だ！」とか言って「武士道」においての「日本」にこだわることは「美学」に反すると思う。これは人類が到達すべき美学の頂点で、世界中の一割でも良いからその感覚に気付いてくれればいいと思ってるだけなんです。ただ世界中の人口の一割となると現時点で八億人ぐらいになりますが。

真武士道

真武士道　しんぶしどう
2023年7月20日発行　第一刷

発行人◎虎沢龍之進　Ryuunoshin Torasawa
編集人◎川保天骨　Tenkotsu Kawaho
デザイン◎部屋せま史　Semashi Heya

発行所◎道義出版
〒164-0001　東京都中野区中野5-37-5-106
TEL 03-6454-0928　FAX 03-6454-0982
Email　bushido@minkan-bouei.com
http://dougi.org/pub/

発売所◎㈱星雲社（共同出版社・流通責任出版社）
〒112-0005　東京都文京区水道1-3-30
TEL03-3868-3275　FAX 03-3868-6588
監修◎国際真武士道連盟
https://www.minkan-bouei.com/shinbushido/

ISBN978-4-434-32423-9 C0031

●募集
本誌のコンテンツ制作を手伝ってくれる方募集！
ライター・編集・カメラマン　その他雑用何でも！

●真武士道に対するご意見などはこちらのメールから受け付けております。はがきや手紙の場合は道義出版宛で！お気軽にどうぞ！
bushido@minkan-bouei.com

●真武士道ではあなたの原稿を掲載いたします。この本誌のテーマに合った内容であれば編集部の判断で掲載いたします。イラスト、漫画、写真も歓迎します。メールでお送りください。道義出版への郵送でも構いません。

★全てのご連絡はこちら！ Eメール　bushido@minkan-bouei.com

編集後記

❖今回一号目ということで色々と考えながら作ったので時間がかかってしまいました。たぶん２年ぐらいかかったかな。すべての文字起こし自分でやったんですが、それはこの『真武士道』の内容を完全に把握するため、自分に課した修行のようなものでした。取材した方々はもう取材されたこと忘れてしまうぐらいの頃に出版という事になってしまったかもしれないです。申し訳ございません。残りの人生真武士道にかけるぞ！バンザ～イ！（川保天骨）